LE MONDE ROMAIN

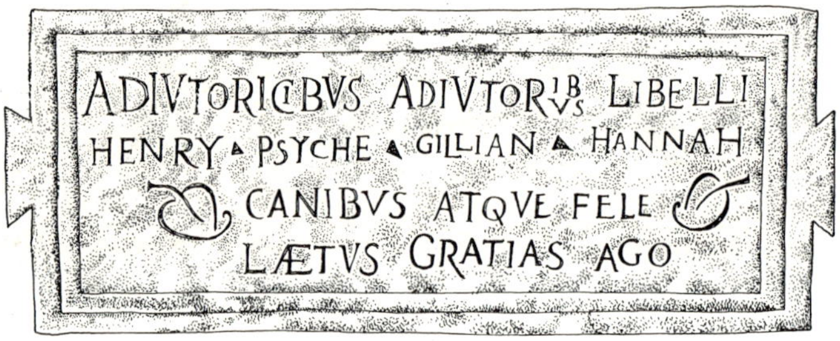

ISBN 2-7192-1296-2
Édition originale 0-86272-218-7
Kingfisher Books Limited, Londres.

Édition originale publiée en Grande-Bretagne
par Kingfisher Books Limited, Elsley Court,
20-22 Great Titchfield Street, London W1P 7AD,
sous le titre : THE ROMAN WORLD, conçue et
réalisée par Kate Hayden et Anne Priestley.
Maquette : Nick Cannan ;
Iconographie : Jackie Cookson.

LA BIBLIOTHÊQUE HISTORIQUE

LE MONDE ROMAIN

Mike Corbishley

DEUX COQS D'OR

SOMMAIRE

A noter : Les mots latins, n'ayant pas tous un équivalent en français, figurent en italique dans le texte courant. Pour les noms propres, nous avons adopté leur formulation française actuelle et rappelé, le cas échéant, leur orthographe latine d'origine.

Le monde romain

Les peuples romains

Avez-vous déjà songé à tous les peuples qui vivent aux États-Unis d'Amérique ? Il s'agit bien de peuples différents – Chinois, Britanniques, Français, Juifs, Russes, Italiens, etc... Car depuis le XVIIe siècle, nombreux sont ceux qui ont émigré en Amérique pour commencer une vie nouvelle. Aujourd'hui, ces gens peuvent affirmer « Nous sommes citoyens américains », même s'ils sont nés ailleurs, eux ou leurs ancêtres.

D'une certaine façon, la Rome antique ressemblait à l'Amérique actuelle. Les pays que vous voyez en jaune sur la carte de droite faisaient partie de l'Empire romain – on les appelait alors provinces – mais leurs habitants étaient différents. Pourtant, tous ces gens se considéraient comme Romains (et il y en avait environ 60 millions).

Cette importance accordée à la citoyenneté romaine, même si l'on venait par exemple d'Égypte ou de Bretagne, est illustrée par une aventure de Saint Paul que vous connaissez peut-être. Juif de naissance, Paul était devenu citoyen romain avant de se convertir au christianisme. Ayant prêché la parole du Christ tout autour de la Méditerranée, il fut arrêté à Jérusalem. Le commandant de la garde ordonna de le fouetter, mais Paul demanda : « Est-il légal de fouetter un citoyen romain sans le juger ? » Cette remarque suffit à le faire relâcher sur le champ.

Le latin

Pour créer un lien entre tous ces peuples, il fallait une langue commune – comme l'anglais aujourd'hui en Amérique du Nord, ou le russe qu'on parle dans toute l'Union Soviétique (laquelle comprend 15 républiques ou états différents). Le latin était donc la langue officielle du monde romain, même si chaque pays conservait son propre langage ou dialecte. Vous rencontrerez beaucoup de mots latins à travers cet ouvrage, non seulement dans des extraits de textes romains, mais dans notre français, qui dérive du latin. A l'aide d'un atlas, essayez de trouver ce que sont à présent les pays qui composaient autrefois le monde romain. Combien de noms modernes proviennent du latin ?

Le mur d'Hadrien
L'empereur Hadrien fit bâtir en Bretagne ce mur-frontière de pierre jalonné de points d'observation. Il s'étend sur 80 milles romains (120 km).

Le pont du Gard
Cet aqueduc approvisionnait en eau la ville de Nemausus (Nîmes), en Gaule, à partir d'une source située à 50 km. Ici, il franchit le Gardon.

La route de Carthage
Les Romains étaient célèbres pour leurs routes directes et bien pavées. Un cavalier pouvait y parcourir 75 km par jour.

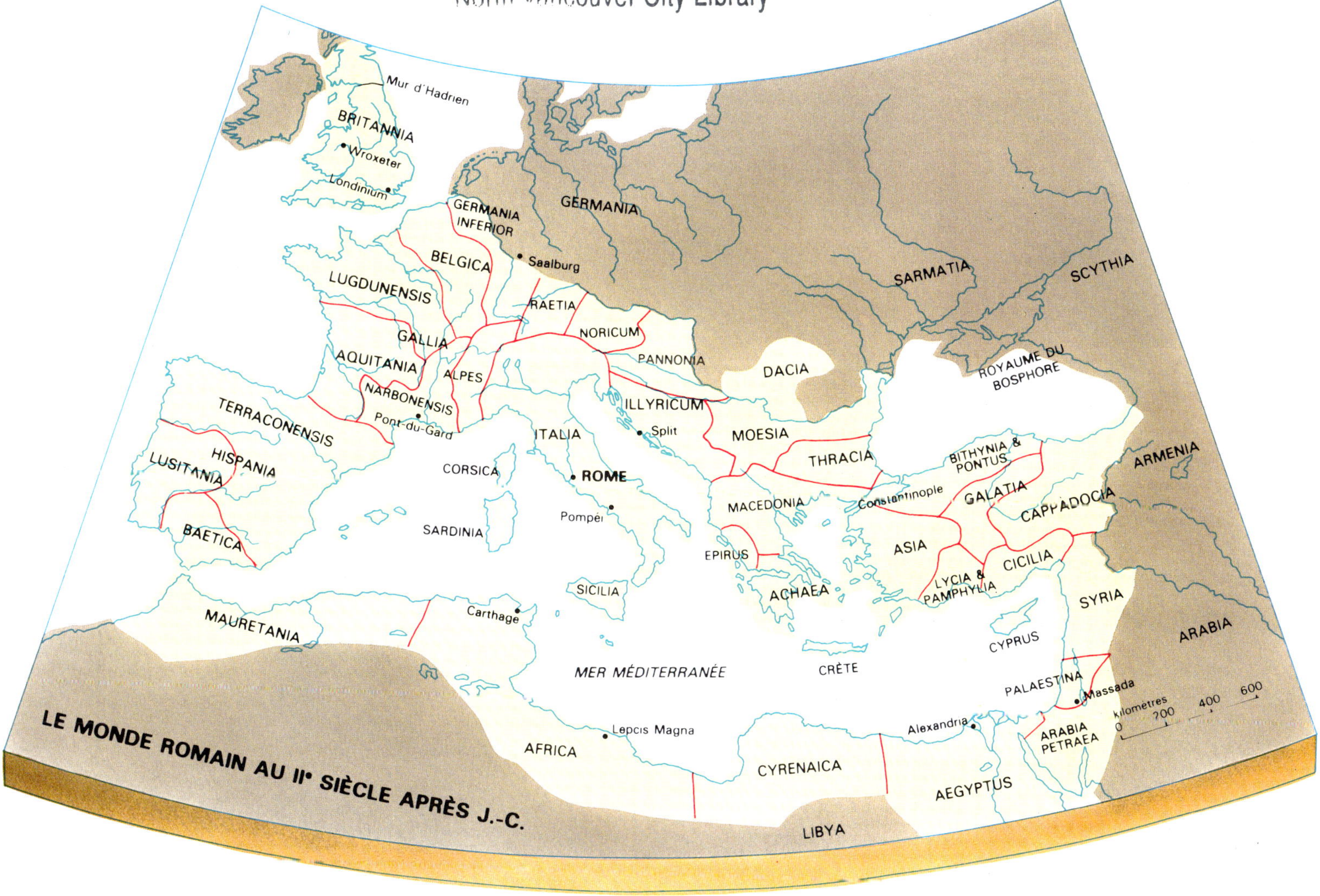

Le marché de Lepcis Magna

Ci-dessus, un des bâtiments semi-circulaires autour desquels les marchands installaient leurs étals, dans une cour en partie couverte.

Un théâtre à Chypre

Le théâtre ci-dessous était celui de la capitale romaine de Chypre, Augusta (aujourd'hui Paphos). Toute ville romaine se devait d'avoir un théâtre.

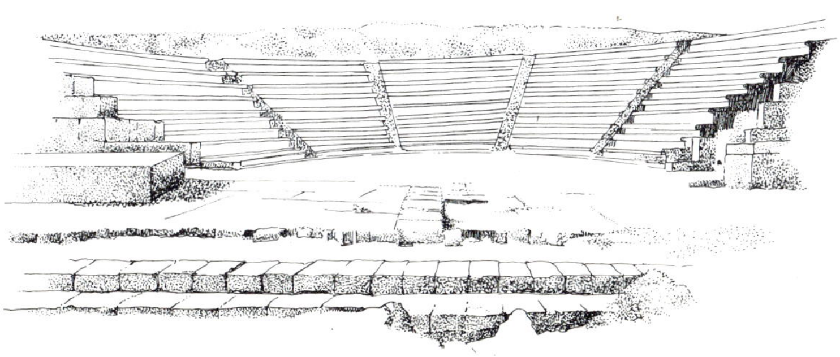

Un pont en Syrie

Excellents bâtisseurs, les Romains savaient construire des arches solides. Le pont ci-dessus enjambe la rivière Afrin.

Les preuves

Vestiges romains

On voit parfois au commencement d'un roman le genre de texte suivant : « Les héros de cette histoire sont imaginaires ; toute relation avec des personnes vivantes ou des événements actuels serait purement accidentelle. » Ici, ce n'est pas du tout le cas. Ce que vous allez lire sur les Romains s'appuie sur des preuves, et évoque des personnes qui ont vécu. Car le monde romain nous a laissé divers témoignages de son existence.

Quiconque veut essayer de reconstituer le passé s'aperçoit très vite que cela revient à rassembler un gigantesque puzzle – auquel il manque beaucoup de pièces ! Pourquoi ces pièces ont-elles disparu ? Pourquoi d'autres sont-elles parvenues jusqu'à nous ? Les raisons sont complexes et dépendent d'un grand nombre de circonstances. Voyons quelques exemples.

Réutilisation des bâtiments

Beaucoup de villes romaines ont continué d'être occupées pendant des siècles après la chute de l'Empire et le sont toujours aujourd'hui. On peut encore voir des bâtiments romains dans certaines d'entre elles, même s'il n'en reste que des ruines. C'est le cas du *Forum romanum* de Rome. Certains bâtiments ont été adaptés à de nouvelles utilisations. L'amphithéâtre de Lucques (à droite) en est un exemple, tout comme le Panthéon de Rome (page 62), devenu église chrétienne. Ces bâtiments ou leur structure subsistent, mais la plupart n'ont pas eu cette chance. Ils ont été détruits parce qu'ils étaient trop vieux et qu'on voulait récupérer leur matériau de construction.

Le témoignage romain se retrouve également dans la conservation de certaines matières organiques (c'est-à-dire qui ont été vivantes à un moment donné, comme le bois ou les graines). Le papyrus de la page 12 a ainsi survécu dans un environnement sec, en Égypte. N'oublions pas que les momies égyptiennes sont en général bien conservées. Parfois, la matière organique survit après avoir été fortement brûlée, comme les miches de pain de Pompéi, page 46.

L'assemblage du puzzle

Quand on veut rassembler un puzzle, par où commencer ? Généralement par les bords – en essayant de réunir toutes les pièces qu'on peut identifier. Après cela, on s'aperçoit que d'autres pièces se mettent en place. Que faire si votre puzzle concerne le passé de Rome ? Vous réfléchissez à toutes les pièces – ou preuves – dont vous disposez, et vous cherchez à deviner ce que pouvaient être les pièces manquantes. Essayez avec un vrai puzzle, et vous verrez que ça marche – à condition qu'il ne manque pas trop de pièces !

Cette jeune fille est en train de dégager avec précaution un parterre de mosaïque dans une maison de Londinium (devenu Londres). La mosaïque n'est pas intacte, bon nombre des bâtiments romains de la capitale anglaise ayant été en partie détruits au Moyen Age. Au fil des siècles, de nouveaux bâtiments furent construits sur les ruines de Londinium, élevant le niveau du sol. En certains endroits, Londres se trouve aujourd'hui à 6 mètres au-dessus de l'ancienne ville romaine.

Ci-dessus : Lucques (Luca) en Étrurie, Italie du nord.

Ci-dessous : Thysdrus (aujourd'hui El Djem, Tunisie), dans la province romaine d'Afrique.

Des vestiges extraordinaires

A l'origine, les amphithéâtres furent bâtis pour abriter des « jeux » où gens et animaux étaient cruellement mis à mort. Après l'époque romaine, ils servirent à d'autres usages. Ci-dessus, on peut encore déceler la forme de l'ancien amphithéâtre de Lucques, en Italie. Mais les gradins des spectateurs ont cédé la place à des habitations. L'intérieur de l'amphithéâtre demeure un espace ouvert. A droite, par contre, un autre amphithéâtre survit dans le désert, visible à des lieues à la ronde. Il fut bâti en 238 apr. J.-C. par l'empereur Gordien 1er. Deux raisons l'ont empêché de disparaître. D'abord, c'était un abri idéal pour les populations du lieu quand un ennemi les attaquait ; ensuite, il se trouve dans une région où il y avait peu de villes, et où on n'a pas eu besoin de réutiliser ses pierres pour d'autres constructions.

A la recherche des Romains

De nos jours, beaucoup de gens se promènent le long du mur d'Hadrien, en Grande-Bretagne ; d'autres vont admirer le *Forum romanum* de Rome en compagnie d'un guide, ou encore grimpent, passant devant le fort romain, sur la pente abrupte qui mène à la citadelle de Massada, en Israël. Pourquoi ? Parce que le passé nous fascine depuis toujours, et que les vestiges romains n'ont jamais cessé de nous intéresser.

Les premiers archéologues

C'est en Europe au XVIIIe siècle que des « antiquaires », comme on les appelait alors, commencèrent à rassembler des notes extrêmement utiles sur les ruines des époques lointaines. Voici ce qu'écrivait l'un d'eux, William Stukeley, à propos de l'agglomération romaine en partie enfouie sous la ville d'Exeter, en Angleterre :

> « Une arche de la porte sud semble d'origine romaine. Il ne fait aucun doute que la plupart des murs de la cité reposent sur des fondations romaines, et bon nombre de vestiges antiques ont été trouvés sur les lieux. En creusant derrière l'hôtel de ville, on a découvert à 2,50 m sous terre une vaste voie romaine pavée de pierre blanche. »

Dès le XIXe siècle, certains antiquaires se lancèrent dans des fouilles archéologiques, tandis que d'autres continuaient d'étudier ce qui était déjà visible au-dessus du sol. En 1801, âgé de 78 ans, William Hutton entreprit de parcourir le mur d'Hadrien sur toute sa longueur, parce qu'il voulait « voir la plus grandiose des curiosités que nous aient laissées les Romains. » Plus tard, il publia un récit complet de son aventure, accompagné de croquis détaillés.

Cette photographie aérienne qui fait apparaître une partie de la ville romaine de Wroxeter, près de Shrewsbury en Grande-Bretagne, montre le genre de traces archéologiques que peuvent révéler les moissons. A noter également les traces plus visibles de notre civilisation – fermes, routes, et champs cultivés.

L'étude sur le terrain

Tout en exploitant les travaux de leurs aînés, les archéologues modernes continuent d'exhumer le passé en « travaillant sur le terrain », c'est-à-dire en passant au crible campagnes et villes riches en vestiges. Mais ils disposent de méthodes et techniques que ne connaissaient pas les antiquaires des XVIIIe et XIXe siècles.

La photographie aérienne

Des techniques scientifiques utilisées par l'archéologie, la photographie aérienne est la plus avancée. Un antiquaire nommé William Camden semble avoir été le premier à remarquer, en 1586, que les cultures des champs trahissent parfois la présence de ruines enfouies sous la terre. Les « tracés » que dessinent ces cultures sont impossibles à repérer au niveau du sol, mais ils se précisent quand on les observe à une certaine altitude.

Ces tracés s'expliquent par le fait que la croissance des végétaux est affectée par l'épaisseur et la densité du sol sur lequel ils poussent. Les fossés profonds, remplis de terre, donneront une moisson robuste et haute. Mais les plantes qui poussent juste au-dessus des fondations d'un mur de pierre seront plus chétives.

Observez la photographie à gauche. On voit transparaître des tracés clairs dans les champs. Les plus larges montrent l'emplacement des anciennes rues romaines, les plus fins indiquent le contour des habitations des Romains. Là où ils se trouvent, les plantes sont moins résistantes, car leurs racines s'enfoncent dans une mince couche de terre, juste au-dessus des pavés ou des murs de pierre.

Ces marques seront encore plus évidentes en période de sécheresse. Les végétaux qui poussent au-dessus des murs souffriront ; les autres iront par contre puiser dans les profondeurs de la terre l'humidité nécessaire à leur survie.

La cité romaine de Wroxeter

En 48 apr. J.-C., l'armée romaine d'occupation de la « province » de Bretagne déboucha sur une plaine, au bord de la rivière Severn. Elle y établit un certain nombre de petits camps, puis un camp suffisamment vaste pour abriter une légion entière (environ 5 500 hommes). Vers 90, l'armée se retira, cédant la place au développement d'une ville que les Romains appelèrent *Viroconium Cornoviorum* – aujourd'hui Wroxeter.

Ci-dessus : L'exploration d'un champ par des archéologues. Les jalons qui le quadrillent sont ceux qu'utilisent les arpenteurs.
A droite : l'équipement comprend mètre à ruban, carnet de notes, crayon, sacs en plastique et étiquettes.

Exploration d'un champ

Quand ils explorent un champ, les archéologues se déplacent avec précaution en s'efforçant de rassembler les divers objets enfouis que les labours ont fait affleurer à la surface. Même les déchets que les gens enterraient autrefois fournissent une moisson de preuves sur leur existence passée.

Pour être vraiment utile, ce travail doit obéir à une stricte méthode.

1. D'abord, il faut mesurer le champ et en dessiner le plan ou la carte.
2. Une fois sur le terrain, il faut savoir exactement où on marche, afin que tout ce qu'on trouve puisse être localisé sur ce plan. Le champ est donc quadrillé par des jalons, et chaque carré numéroté sur le plan.
3. Sur le dessin ci-dessus, on voit des archéologues en train de ramasser des objets – tessons de poterie, tuiles, etc. Ces objets seront recueillis dans des sacs en plastique dont les étiquettes situent avec précision l'endroit où on les a trouvés. A chaque carré du champ correspond un code particulier.
4. La collecte terminée, on nettoie chaque objet et on lui attribue son code.
5. Les objets sont ensuite étudiés avec minutie, et répartis selon diffrentes catégories. On essaie alors de tirer toutes les déductions possibles sur le mode de vie qu'ils représentent.
6. Finalement, on écrit un rapport sur le travail effectué, et tous les objets, ou trouvailles archéologiques, sont déposés dans un musée local.

Écrits et fouilles

Nous vous avons montré dans les pages précédentes qu'il existe encore beaucoup de vestiges romains à observer ou à découvrir par différentes méthodes. Étudions à présent les moyens d'obtenir des informations plus détaillées sur la Rome antique. Pour cela, deux sources s'offrent à nous : les écrits et les fouilles.

Les preuves écrites

On apprend beaucoup de choses sur les Romains à travers leurs mémoires et autres ouvrages. Leurs récits historiques content les grands événements qu'ils ont traversés. Leurs lettres dévoilent leurs vies privées et publiques. Et il y a aussi leurs pièces de théâtre, poèmes, livres de recettes, ou mêmes listes et comptes rendus officiels.

Vous trouverez dans ce livre beaucoup d'exemples comme celui qui suit. Il s'agit d'un extrait d'une lettre adressée par l'écrivain Pline le Jeune à l'Empereur Trajan. Pline avait été nommé gouverneur de la province de Bithynie en 101 apr. J.-C.

> « Tandis que j'effectuais un voyage d'inspection dans une autre partie de la province, un grand incendie détruisit beaucoup de maisons et bâtiments publics dans la cité de Nicodémie. Il fit ces dégâts pour deux raisons – parce qu'un vent violent soufflait, et parce que les gens se contentaient de contempler le spectacle sans intervenir. De toute façon, la ville ne dispose même pas d'une pompe, d'un seau ou autre équipement contre le feu. »

Il est certes assez rare que des ouvrages vieux de plus de 2 000 ans parviennent jusqu'à nous ; et si nous avons connaissance de nombreux écrits romains, c'est grâce aux moines du Moyen Age qui en ont recopié une bonne partie.

Quelques textes authentiques ont cependant survécu, comme les lettres ou livres écrits sur papyrus, retrouvés en Égypte. Le fragment ci-dessous fait partie des écrits de Cornelius Gallus, qui vécut à l'époque de César et d'Auguste. Le papyrus, équivalent romain du papier, était fabriqué à partir des tiges de la plante du même nom, qui pousse sur tout le pourtour méditerranéen, et particulièrement en Égypte.

Les fouilles

Les vestiges révélés par les fouilles peuvent être très variés : habitations, lieux de travail, objets perdus ou volontairement jetés. Les archéologues s'intéressent à tout ce qui ressurgit du passé – depuis le plan d'aménagement d'une grande ville jusqu'à un ossement minuscule.

Nous avons vu qu'il ne subsiste qu'une faible quantité de textes romains authentiques – par rapport à tous ceux qui ont été écrits. Il en va de même pour le témoignage archéologique. Seule une partie parvient jusqu'à nous, et l'histoire du passé doit être assemblée pièce par pièce. Il faut aux archéologues une habileté de détectives pour reconstituer tel ou tel événement à partir des preuves dont ils disposent.

Les fouilles permettent cependant de recueillir des renseignements très détaillés. Vous observerez à droite la photographie d'une fouille récente effectuée sur le site de la ville romaine de Wroxeter, en Grande-Bretagne. Si quelques murs de la *basilica* (lieu de rencontre) affleurent au niveau du sol, les archéologues sont obligés de creuser pour dégager tout le reste. Le site était abandonné depuis longtemps, ses murs avaient été détruits pour servir à d'autres constructions. La terre de la colline proche, drainée par les pluies, avait peu à peu recouvert les lieux ; et ce qui était autrefois le centre d'une métropole romaine très active avait cédé la place à des champs labourés.

Vous ne voyez ci-dessus qu'une partie de ce qu'on appelle une fouille en archéologie. Murs et sols doivent être dégagés avec précaution, souvent à l'aide de petits outils tels que grattoirs et pinceaux. Chaque secteur de la fouille est numéroté, et les « trouvailles » qu'il recèle reçoivent le même numéro de code.

Chaque secteur est de même dessiné, photographié, et fait l'objet de nombreuses notes. Les dessins sont aussi détaillés que des cartes topographiques. Dessins, photographies et notes feront partie du dossier consacré au site. Combien de ces « opérations » archéologiques pouvez-vous identifier sur cette photographie ?

Avant les Romains

Les Étrusques
Après avoir parlé des vestiges de leur monde, nous allons à présent nous intéresser aux Romains eux-mêmes – en commençant par les Étrusques. Pourquoi les Étrusques ? Parce que l'histoire des peuples n'est jamais simple. Les Romains n'ont pas surgi de nulle part, vêtus de toges, parlant latin et dominant un vaste empire. Pour comprendre la fondation de leur état, ils nous faut donc remonter aux Étrusques.

La carte de la page 23 vous montre dans quelle partie de l'Italie vivaient les Étrusques – l'Étrurie. Mais d'où venaient-ils ? Certains documents suggèrent qu'ils étaient peut-être originaires de cette région du monde que les Romains appelaient Asie. Cependant, la plupart des historiens pensent que la civilisation étrusque s'est peu à peu développée au nord de Rome.

Cette civilisation nous a laissé beaucoup de vestiges archéologiques, mais peu d'écrits. La langue étrusque disparut au IIe siècle de notre ère. Il n'en subsiste que quelques inscriptions.

Au VIIe siècle av. J.-C., les Étrusques occupaient un ensemble de douze états – indépendants mais solidaires – dans leur région d'Italie. C'est depuis ce territoire qu'ils se mirent à conquérir la côte italienne, du nord au sud. Au VIe siècle av. J.-C., ils s'étaient répandus jusqu'à la baie de Naples.

La richesse des Étrusques, visible sur les peintures de leurs tombeaux, provenait de l'agriculture, de l'industrie et du commerce. Ils cultivaient la vigne, l'olivier, les céréales, et élevaient des chevaux. Ils savaient travailler les métaux. Leur flotte pratiquait les échanges commerciaux avec les Phéniciens, les Grecs et les Carthaginois.

Les Étrusques étaient également d'excellents architectes – ils planifiaient correctement leurs villes, avec voies pavées, aqueducs et systèmes d'égouts.

Nous verrons que les Romains n'aimaient pas les Étrusques, mais ils n'hésitèrent pas à s'inspirer de leurs idées. La cour intérieure de certaines maisons romaines, ou *atrium,* est d'origine étrusque. Jules César disait d'ailleurs que les Romains « copiaient n'importe quelle bonne idée, qu'elle leur vienne d'un ami ou d'un ennemi. »

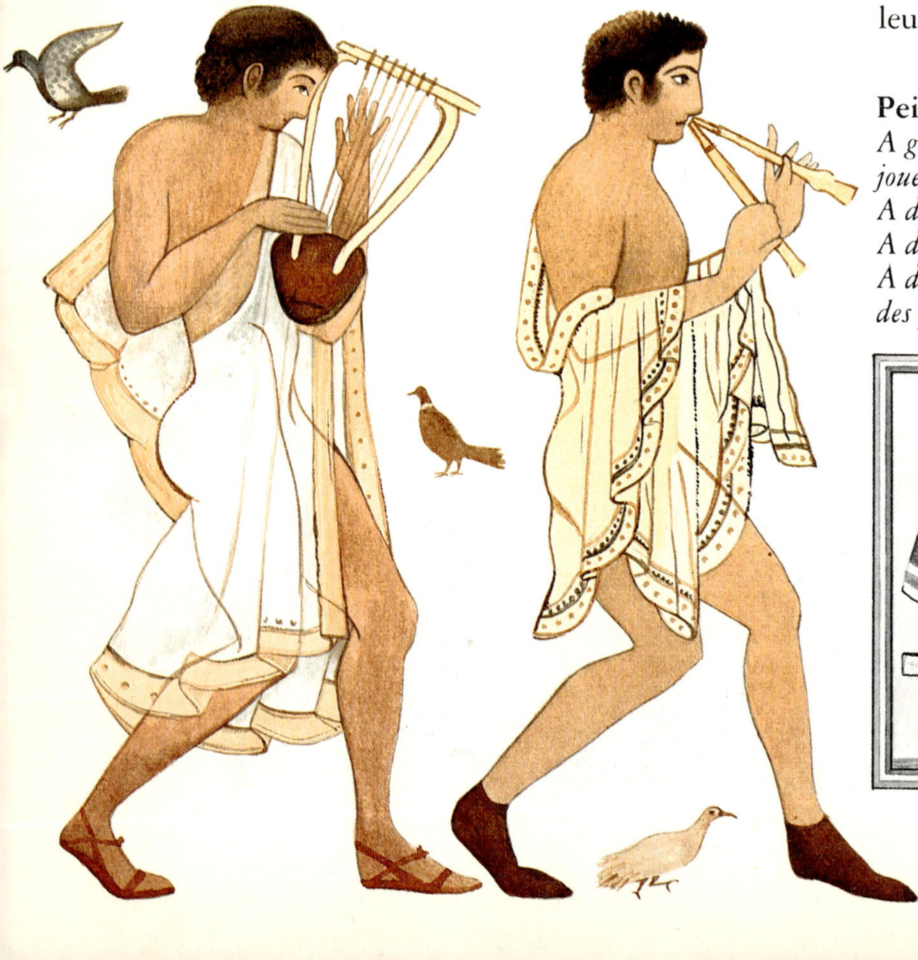

Peintures de tombeaux étrusques
A gauche et ci-dessous : Banquet funéraire avec joueurs de flûte et lyre – Tarquinies.
A droite, en haut : Course de chars – Clusium.
A droite, au milieu : Lutteurs – Tarquinies.
A droite, en bas : Pêcheurs, tombe des chasseurs et des pêcheurs – Tarquinies.

Dans les tombeaux

Les Étrusques croyaient à la vie dans l'au-delà et offraient des sacrifices à leurs morts en leur demandant protection. Ils aménageaient des tombeaux souterrains recouverts d'un grand tumulus de terre, et dans lesquels on descendait à la chambre funéraire par un escalier. Ils pratiquaient quelquefois l'incinération, mais préféraient enterrer les gens avec des objets familiers – vases, statues et bijoux, par exemple – ainsi que des offrances de nourriture.

Les peintures murales

Les peintures qui ornent les murs – et parfois le plafond – des tombes étrusques sont d'une habileté impressionnante. Vous pouvez admirer ici quelques scènes d'un banquet donné en l'honneur d'un mort – un banquet avec danseurs et musiciens, au cours duquel on se livre à des jeux et des joutes sportives. Les poteries empilées entre les deux lutteurs sont probablement le prix de leur compétition.

Les pilleurs de tombes

Si certaines tombes étrusques ont été correctement mises à jour afin que tout le monde puisse les admirer, beaucoup ont été pillées par les chasseurs de trésors – qu'on appelle tombaroli *ou* clandestini *en Italie.*
Les fouilles archéologiques impliquent l'utilisation d'une sonde munie d'une caméra miniature, qui pénètre dans la tombe et filme toutes ses peintures avant même qu'elle ne soit dégagée.

La République

Fondation de Rome

Au VIIe siècle av. J.-C., la région située au sud de la Rome actuelle était occupée par la tribu des *Latini* – les Latins (voir la carte de la page 23). Agriculteurs, les Latins habitaient des villages au sommet des collines, d'où ils pouvaient se défendre contre les tribus voisines. Vers la fin du VIIe siècle av. J.-C., leur mode de vie assez fruste subit l'influence du commerce avec les Carthaginois et les Grecs. Quand les Étrusques vinrent s'installer dans la région, les villages des Latins se transformèrent en villes.

Une de ces villes, Rome, fut établie en 575 av. J.-C. par les Étrusques – il semble que le nom *Roma* soit d'origine étrusque. Ses habitants, gouvernés par un roi ou *rex,* comprenaient aussi des Sabins et des Latins ; en fait, les Latins étaient les plus nombreux. La ville avait été bâtie sur sept collines : le Quirinal, le Viminal, l'Esquilin, le Caelius, l'Aventin, le Palatin et le Capitole.

Bien protégée par ses collines, Rome avait accès à la mer grâce à son fleuve, le Tibre. C'était une excellente ouverture commerciale, et un bon point de départ pour commencer à conquérir les territoires environnants.

A cette version historique de la création de Rome, les Romains en préférèrent plus tard une autre selon laquelle leur ville avait été fondée le 21 avril de l'an 753 av. J.-C. par un héros légendaire nommé Romulus. Son aventure vous est contée en page de droite. Dans les pages suivantes, vous verrez comment la cité de Romulus fut le début d'un vaste empire.

Rome sur les pièces de monnaie

Vous verrez souvent des pièces de monnaie romaines dans les musées. Essayez de deviner ce qu'elles « disent » aux abréviations qui y sont gravées. On repère facilement le mot ROMA sur celle-ci, qui fut « frappée » en 220 av. J.-C. On y voit aussi Jupiter conduisant un char, et près de lui une allégorie de la Victoire en déesse ailée. Les Romains adoraient particulièrement Jupiter, roi des dieux.

Comme beaucoup de pièces romaines, celle-ci vous donne divers renseignements. Elle fut probablement frappée vers 85 av. J.-C. en l'honneur de l'homme qui se trouve au centre, vêtu d'une toge – élément du costume national. Son nom nous est révélé en version abrégée : POST (umius) ALBIN (us). Il lève le bras vers une enseigne de l'armée surmontée d'un aigle – symbole de la puissance de Rome. A sa droite se trouvent les faisceaux (voir page 18).

Romulus et Rémus

Comme les Grecs, les Romains adoraient les légendes évoquant les dieux et les déesses, les héros célèbres du passé, ou leurs propres ancêtres. Ils tenaient beaucoup à créer un lien entre les dieux et la fondation de leur ville. Aussi se transmettaient-ils l'histoire suivante, de génération en génération : après la prise de Troie par les Grecs, le grand guerrier troyen Enée, fils de la déesse de l'amour Aphrodite, s'était enfui en Méditerranée. Au terme d'un long voyage, il avait abordé en Italie et fondé la ville de Lavinium à quelques kilomètres au sud de l'embouchure du Tibre. Et bien des siècles plus tard...

... Un descendant d'Enée, le roi Numitor, fut détrôné par son méchant frère Amulius. La fille de Numitor, Rhéa, venait de donner naissance à deux jumeaux, Romulus et Rémus. Amulius ordonna de noyer les nourrissons dans le Tibre afin qu'ils ne puissent plus tard prétendre à son trône, comme ils en avaient le droit.

On mit les bébés dans un panier d'osier qu'on déposa sur les eaux du fleuve. Mais au lieu de disparaître dans le courant, ils échouèrent sur la rive – et furent allaités par une louve qui les avait entendu crier. Ensuite, le berger des troupeaux royaux, Faustulus, les découvrit et les emporta chez lui pour les élever.

Les enfants grandirent, libres et sauvages, et formèrent plus tard une bande qui attaquait les voleurs et répartissait leur butin entre les pauvres bergers. Un jour, Rémus fut capturé au cours d'une rixe. Le roi Numitor, leur grand-père, reconnut alors les jumeaux...

Leur identité à présent révélée, les deux garçons aidèrent leur grand-père à reconquérir son trône. Ils fondèrent leur propre cité à l'emplacement de Rome, mais se disputèrent pour la gouverner, et Rémus fut tué. Romulus, futur roi de Rome, ouvrit sa cité à tous les fugitifs de la région ; et il vola les femmes d'une tribu voisine, les Sabins, pour les donner à ses compagnons. Après avoir régné pendant quarante ans, il disparut mystérieusement au cours d'une violente tempête, et fut désormais adoré par les Romains sous le nom du dieu Quirinus – dérivé de celui d'une des sept collines de Rome.

Cette statue de bronze représentant la louve qui allaita Romulus et Rémus fut exécutée par un artiste étrusque au VIe siècle av. J.-C. Les jumeaux sont plus « modernes » – ils ont été ajoutés au XVIe siècle. La statue se trouve aujourd'hui au musée du Capitole, à Rome.

Comment fonctionnait la République

Après Romulus, plusieurs rois régnèrent. D'abord Numa Pompilius, Tullus Hostilius et Ancus Martius, appartenant à des tribus latines. Puis ce furent des rois étrusques – Lucius Tarquinius Priscus, Servius Tullius et Lucius Tarquinius (surnommé Tarquin le Superbe). Ces souverains n'accédaient pas au trône par succession naturelle, on les choisissait dans des familles dites « royales ». Pour montrer la puissance du roi, ses dignitaires marchaient devant lui avec les *fasces,* ou faisceaux – qui consistaient en une poignée de verges attachées autour d'une hache à l'aide d'une sangle rouge. Les faisceaux symbolisaient le droit qu'avait le roi de faire fouetter ou mettre à mort ses mauvais sujets.

Le sénat et l'assemblée du peuple pouvaient toutefois intervenir dans les décisions du roi, surtout en temps de guerre. Mais les Romains allaient découvrir qu'il est dangereux d'accorder trop d'autorité à un seul homme :

> « Quand Tarquin le Superbe en arriva à se faire détester par le peuple de Rome, nous en eûmes tous plus qu'assez d'être dirigés par des rois, et le gouvernement fut remis entre les mains des consuls – officiels élus chaque année. »

Extrait d'un discours de l'empereur Claude au Ier siècle de notre ère.

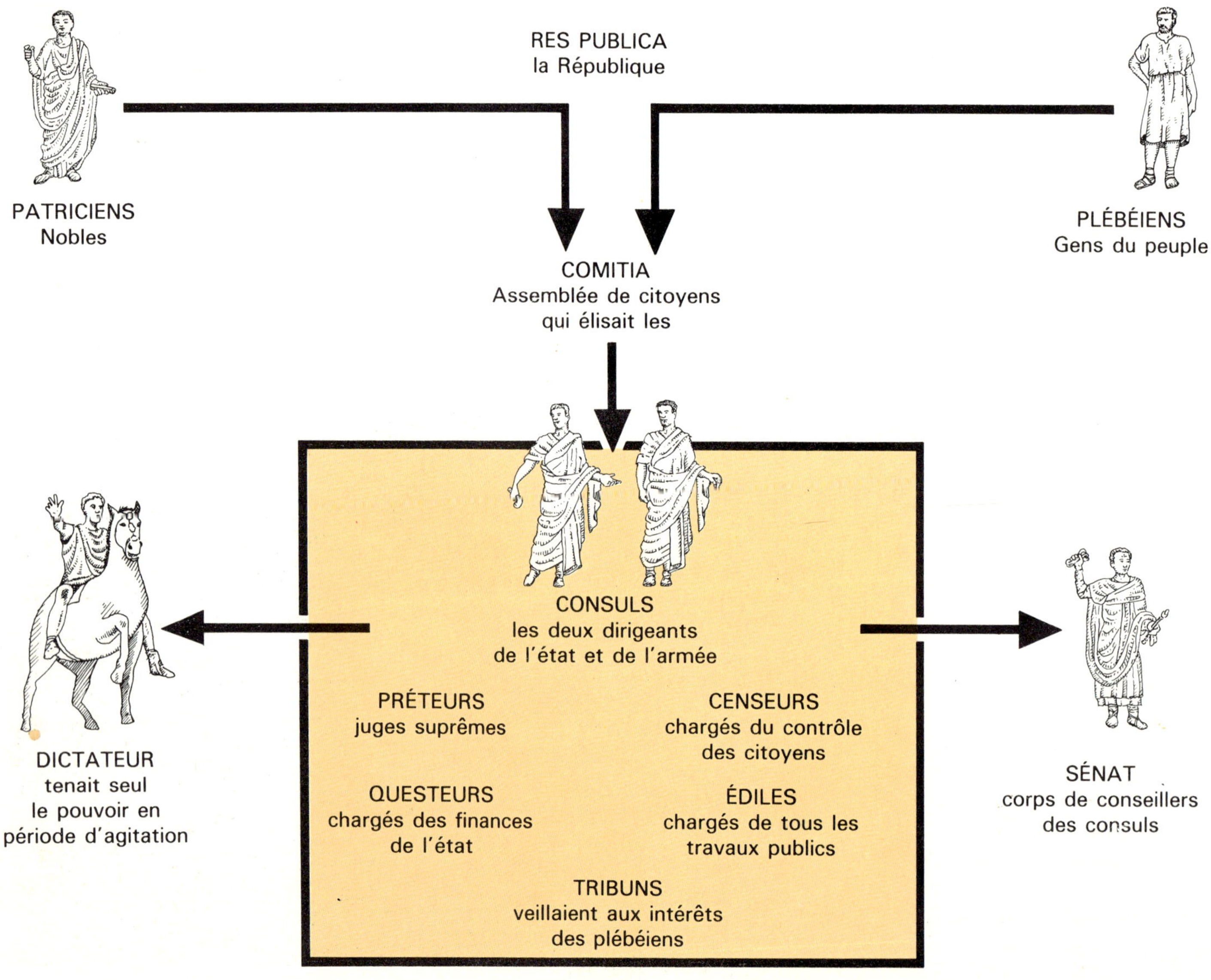

Statue en bronze d'un orateur par un artiste étrusque. L'art de parler en public avec éloquence, considéré comme très important, était un des éléments essentiels de l'éducation d'un garçon.

D'après l'histoire romaine, l'abolition de la royauté et l'institution de la république – *res publica* – eurent lieu en 509 av. J.-C. Une république est un état dont le gouvernement se compose de membres élus par le peuple. A Rome, les citoyens qui votaient pour choisir leurs dirigeants se divisèrent d'abord en deux classes – les patriciens, ou aristocrates, et les plébéiens, ou gens du peuple. Au IIe siècle av. J.-C. apparut une troisième classe, les *equites,* composée de bourgeois et d'hommes d'affaires. Les citoyens de n'importe quelle classe pouvaient prétendre à une fonction gouvernementale, mais un plébéien n'avait pas le droit d'être consul, encore moins dictateur (élu en période d'agitation).

De nos jours, les gouvernements sont élus pour une durée particulière, par exemple cinq ans ; les officiels romains l'étaient pour moins longtemps. Les plus importants, les deux consuls, ne gardaient le pouvoir qu'une année. Ils ne pouvaient agir que d'un commun accord.

Il s'agissait donc d'une démocratie, mais beaucoup de gens n'avaient pas le droit de voter, notamment les femmes. Finalement, les riches et les puissants allaient détruire cette république démocratique et établir une nouvelle forme de gouvernement avec un seul homme à sa tête, en le nommant cette fois empereur au lieu de roi.

Les dates

Notre datation historique remonte à la naissance du Christ. Les années qui précèdent (av. J.-C.) se comptent pour ainsi dire à rebours. Par exemple, Jules César envahit la Bretagne une première fois en 55 av. J.-C., puis une deuxième fois en 54 av. J.-C. Les années qui suivent se comptent normalement. Les Romains prenaient pour critère la fondation de Rome (753 av. J.-C.), ou les élections annuelles de leurs consuls.

Ci-contre : l'assemblée du sénat, ou curia. *Les sénateurs étaient en général des gens d'un certain âge qui avaient pour fonction de conseiller les consuls. Mais leur autorité était indiscutable. La mention* Senatus Consulto *– par ordre du sénat – se retrouve, abrégée en « SC », sur beaucoup de pièces de monnaie.*

L'armée et la flotte

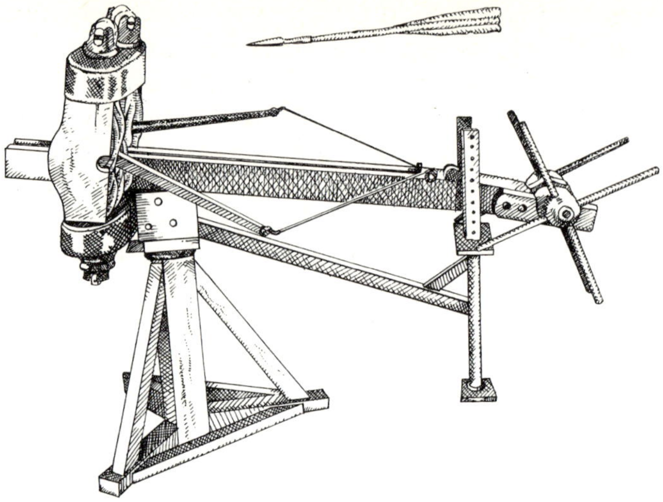

« *La légion romaine est victorieuse grâce au nombre de ses soldats et de ses machines de guerre. Elle est équipée de balistes qui transpercent armures et boucliers.* » *(Vegetius, IVe siècle apr. J.-C.) La* baliste *lançait des flèches à pointe de fer. Il existait aussi une grande machine à projeter des pierres nommée* onagre. *Pour assiéger, les Romains avaient recours aux béliers et à de gigantesques tours d'assaut.*

Une armée de citoyens

Pour consolider sa puissance (voyez à nouveau la carte de la page 7), Rome avait besoin d'une armée nombreuse et bien entraînée. Tout citoyen romain aisé, âgé de 17 à 46 ans, pouvait être appelé à servir dans l'armée de terre ou la flotte. Des tribuns militaires nommés par les deux consuls étaient chargés de recruter les citoyens libres, jamais les esclaves.

Les légions

Les soldats étaient répartis en légions. D'ordinaire, une légion comprenait environ 4 200 hommes, mais ce chiffre pouvait dépasser 5 000 en cas de besoin. Chaque légion portait un numéro et un nom. Par exemple, une des légions qui envahirent la Bretagne en 43 apr. J.-C., sous l'empereur Claude, était numérotée XX (la vingtième) et s'appelait *Valeria Victrix.*

La légion romaine était commandée par six tribuns qui recevaient leurs ordres d'un consul. Elle se divisait en 30 compagnies nommées *manipuli.* Chaque manipule se divisait à son tour en deux *centuriae* – littéralement, unités de 100 hommes. Chaque centurie était placée sous les ordres d'un vétéran expérimenté, ou centurion, secondé par un *optio.* La centurie comptait également un porte-enseigne, un trompette, et un officier responsable des tours de garde.

A gauche, un fantassin romain sous la République ; à droite, un signum, *enseigne d'une centurie, et deux types d'*aquila, *enseigne de la légion.*

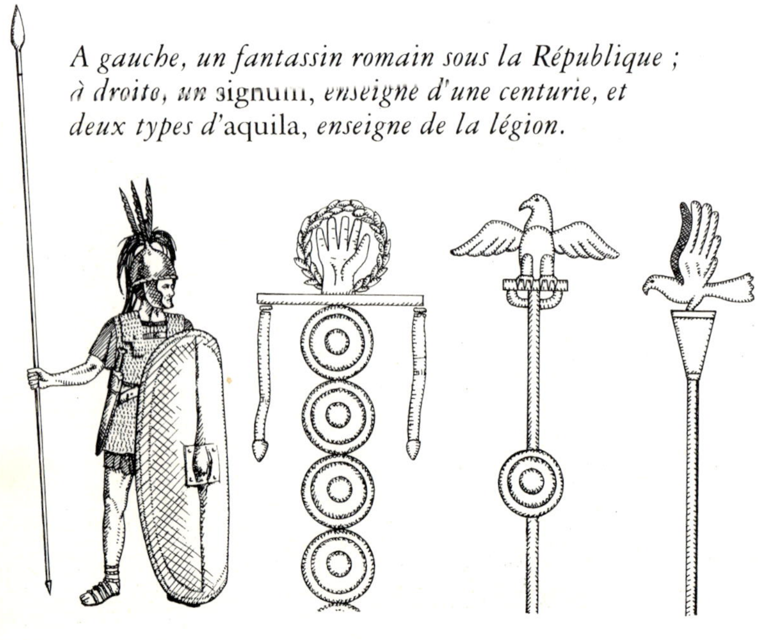

Les groupements de combat

Pour combattre, l'armée était disposée sur trois lignes. Il y avait d'abord les *hastati,* hommes jeunes et robustes ; puis les *principes,* citoyens plus âgés ; et enfin les *triarii,* réserve de vétérans. Les citoyens les plus pauvres formaient une petite unité aux armes légères, les *velites.* Les plus riches, qui pouvaient s'offrir un cheval, fournissaient la cavalerie ; il y avait environ 300 cavaliers par légion.

Face à l'ennemi, les soldats se servaient d'abord de leurs javelots ; puis ils se jetaient dans la mêlée avec dagues et boucliers – tout en s'efforçant de respecter leur formation sous le commandement des centurions. Les enseignes s'utilisaient comme des drapeaux pour rallier les hommes de telle ou telle unité et permettre à leurs chefs de reformer les rangs. La cavalerie attaquait souvent l'ennemi par les ailes.

La flotte

« Quand les Romains virent que la guerre contre les Carthaginois s'éternisait, ils décidèrent pour la première fois de construire des vaisseaux ; mais leurs charpentiers n'y connaissaient rien. Cependant, un navire de guerre carthaginois ayant un jour échoué entre leurs mains, ils s'en servirent comme d'un modèle pour bâtir leur flotte tout entière. »

Polybe, IIe siècle av. J.-C.

Il peut sembler extraordinaire qu'un état aussi puissant n'ait pas possédé de flotte avant sa première guerre contre Carthage, en 264 av. J.-C. Mais jusque-là, Rome avait livré toutes ses batailles sur la terre ferme.

Au début, d'ailleurs, les navires servirent surtout de plate-formes de combat flottantes. La tactique consistait à essayer d'éperonner les navires de l'adversaire pour les couler. Si cela ne marchait pas, on faisait descendre une grande rampe d'accès sur le vaisseau ennemi, et les marins s'y précipitaient pour se battre comme s'ils étaient sur terre.

Le navire de guerre romain, avec son équipage de 300 rameurs et 120 marins (tous citoyens libres), s'appelait quinquérème. En latin, *quinque* veut dire cinq. Un quinquérème avait trois bancs de rameurs de chaque côté ; les deux rangs du haut comprenaient deux hommes par rame, celui du bas n'en comptait qu'un seul, ce qui donnait des rangs superposés de cinq rameurs.

Forces armées professionnelles

Plus tard, l'organisation de l'armée changea. Des hommes s'engagèrent volontairement comme légionnaires, marins et rameurs, et reçurent un salaire. Un soldat légionnaire s'engageait en général pour 20 ans, un marin pour 26. Certains servirent beaucoup plus longtemps : un centurion nommé Petronius Fortunatus choisit de passer 50 années de sa vie dans l'armée romaine.

Ci-dessus : Partie d'un bas-relief du temple consacré à la déesse Fortuna, à Praeneste, près de Rome. Il commémore probablement la victoire d'Auguste sur Antoine et Cléopâtre, à la fin de la République.

Ci-dessous : Peinture de Pompéi représentant deux navires de guerre en action. Notez les lances et les boucliers des guerriers à bord.

Menaces contre Rome

La guerre, la guerre, la guerre ! Au début de l'État romain, le peuple latin semble avoir constamment pris les armes. Les tribus autour de Rome étaient nombreuses. Les latins durent d'abord combattre les Sabins, les Eques et les Volsques. Les Sabins, qui peuplaient des vallées au nord de Rome, succombèrent en 449 av. J.-C. Les Eques, plutôt primitifs comparés aux Romains, habitaient les régions montagneuses du centre de l'Italie ; les Volsques s'étaient établis autour de Rome vers 500 av. J.-C. Ces deux peuplades furent soumises en 304 av. J.-C.

Entre-temps, les Romains avaient également dû se battre contre les Étrusques de la cité de Véies, située à 19 km environ au nord de Rome. Ville riche et puissante, Véies résista à leurs assauts pendant un certain temps, mais succomba à son tour en 396 av. J.-C.

Un autre ennemi de Rome se révéla plus difficile à vaincre. Vers 400 av. J.-C., les tribus celtes de Gaulois franchirent les Alpes et commencèrent à se répandre en Italie. Voici ce que nous en dit l'historien Polybe :

« Ils habitaient dans des villages sans mur d'enceinte, et passaient le temps à guerroyer ou à cultiver la terre. Leurs seules possessions étaient leur bétail et leur or, parce qu'ils pouvaient les emporter partout avec eux. »

Les oies du capitole

D'autres sources nous indiquent que les Gaulois possédaient l'art de travailler les métaux, et qu'ils étaient d'une grande témérité au combat. Leurs hordes écumaient la campagne, en quête de butin ou d'une bonne querelle. En 390 av. J.-C., une troupe de Gaulois atteignit Rome. La plupart des habitants s'enfuirent, et les Gaulois décidèrent d'assiéger un des points culminants de la ville, la colline du Capitole. Ils entreprirent l'ascension en pleine nuit, tandis que les Romains réfugiés dans les temples et autres bâtiments de la colline dormaient...

« Un par un, les Gaulois se hissèrent au sommet de la colline. Ils étaient tellement silencieux qu'ils n'éveillèrent même pas les chiens de garde... Mais ils ne manquèrent pas d'attirer l'attention des oies consacrées à la déesse Junon. Ces oies sauvèrent les Romains par leurs criaillements et leurs battements d'ailes. »

Tite-Live, Histoire de Rome.

« La plus grande défaite du jour fut provoquée par la force invincible des éléphants du roi Pyrrhus. » Cette phrase est extraite d'un récit de Plutarque évoquant une bataille entre Grecs et Romains en 280 av. J.-C. Les Romains durent battre en retraite. Pyrrhus avait amené avec lui vingt éléphants. Ces animaux, spécialement caparaçonnés, étaient entraînés à charger sur l'ennemi.

Hélas, les Gaulois n'acceptèrent pas aisément de laisser l'Italie en paix. A la fin, les Romains durent leur offrir une bonne quantité d'or pour les en persuader ; et une fois ce problème réglé, ils furent obligés de recommencer à se battre contre les Eques, les Volsques et les Étrusques, puis contre les Osques.

Un nouvel ennemi : les Samnites

C'est alors qu'une nouvelle et dangereuse menace s'éleva contre la République de Rome. Les Samnites, un groupe de peuplades guerrières, s'étaient rassemblés pour anéantir les Romains et s'approprier leur territoire. Ils représentaient un sérieux danger, car ils avaient autant de soldats que les Romains, et étaient extrêmement bien armés. La guerre contre les Samnites se déroula en trois phases : elle commença en 343 av. J.-C., et se termina par la défaite samnite en 290.

Mais plus tard, l'historien Tite-Live devait écrire : « Notre guerre contre les Samnites fut suivie par celle contre Pyrrhus, puis par la guerre contre Carthage. » Les Romains n'avaient gagné le contrôle de toute l'Italie que pour faire face à un danger encore plus grand – les Carthaginois.

A droite : Un guerrier samnite en armure. On peut voir qu'il était particulièrement bien protégé. Il avait en outre une épée et un bouclier. Les Romains s'avisèrent que les Samnites étaient mieux armés qu'eux, et finirent par copier leur long bouclier rectangulaire (nommé scutum*).*

Au VIe siècle av. J.-C., l'Italie était peuplée de tribus diverses – dont chacune avait ses coutumes et son langage. Ces tribus représentaient une menace pour la fondation de la République de Rome. Mais peu à peu, et de gré ou de force, elles furent toutes assimilées par l'État romain.

Hannibal : l'ennemi de Rome

Hannibal

« Hamilcar s'apprêtait à passer en Espagne avec son armée, et offrait des sacrifices aux dieux. Son fils Hannibal, alors âgé de 9 ans, insistait pour l'accompagner. Hamilcar, encore furieux d'avoir perdu la Sicile et la Sardaigne, mena l'enfant à l'autel et lui fit jurer d'être l'ennemi de Rome sitôt qu'il le pourrait. »

« Beaucoup de soldats virent souvent Hannibal dormir sur le sol, parmi les gardes du camp, enveloppé d'un manteau militaire. Les vêtements qu'il portait n'avaient rien d'extraordinaire. C'était le meilleur parmi les fantassins et les cavaliers – le premier à se jeter dans la bataille et le dernier à s'en retirer. »

Tite-Live

Après avoir vaincu la plupart des tribus d'Italie, les Romains étaient devenus ce qu'on appellerait aujourd'hui une puissance mondiale. Un conflit entre Rome et les autres puissances méditerranéennes semblait inévitable. Les premiers à défier les Romains furent les Carthaginois, dont la capitale se trouvait en Afrique du Nord.

Carthage avait été fondée par les Phéniciens, peuple de marins et de commerçants venus de la côte syrienne. Le territoire carthaginois s'étendait le long de la côte d'Afrique jusqu'au nord de la Sicile. Après avoir soumis les Grecs, les Romains se trouvèrent confrontés à la puissance de Carthage.

Rome et Carthage en guerre

La première guerre contre les Carthaginois commença en 264 av. J.-C. et dura 23 ans. Carthage, qui occupait la pointe sud-ouest de la Sicile, avait envahi Messine, la ville la plus proche de l'Italie. Les Romains envoyèrent deux légions à Messine, battirent les Carthaginois et occupèrent le port. Cette rivalité pour une ville de Sicile déclencha une guerre totale. Rome dut construire une flotte de plus de 300 vaisseaux pour lutter contre la flotte carthaginoise. A l'issue de cet affrontement, les Romains prirent la Corse et la Sardaigne, et chassèrent les Carthaginois de Sicile. Carthage dut s'avouer vaincue et verser à Rome une énorme somme d'argent en compensation des pertes romaines.

Entrée d'Hannibal

Pendant la phase finale de cette première guerre, les Carthaginois avaient eu pour commandant en chef Hamilcar Barca. En 237 av. J.-C., après sa défaite, Hamilcar ramena ses troupes en Espagne pour protéger le territoire qu'il y possédait déjà, et si possible l'agrandir. L'Espagne était utile pour Carthage, parce qu'elle lui fournissait de l'argent, du cuivre, du fer, des produits alimentaires et du poisson.

En 221 av. J.-C., Hannibal, le fils d'Hamilcar, reprit à 25 ans le commandement des forces carthaginoises en Espagne. Le renouveau de ces forces inquiétait les Romains ; ils essayèrent de traiter avec les Carthaginois, sans succès.

Hannibal ayant assiégé Sagonte (ville espagnole alliée de Rome), la guerre éclata de nouveau. Les Romains mobilisèrent deux armées contre Carthage – ils en envoyèrent une en Afrique, et l'autre à Massilia (aujourd'hui Marseille) pour combattre Hannibal. Ce dernier déjoua le plan des Romains en franchissant les Alpes afin de pénétrer en Italie. Son armée était impressionnante – 40 000 hommes et 37 éléphants. Beaucoup de soldats moururent au cours de cette difficile traversée des Alpes. A l'arrivée, il ne restait plus que 26 000 hommes et 12 éléphants.

De l'autre côté des Alpes

En Italie, Hannibal paya des mercenaires celtes pour former une nouvelle armée (50 000 hommes). Puis il se mit à ravager le cœur même de l'État romain, infligeant à ses ennemis de sanglantes défaites – au lac Trasimène en 217 av. J.-C., et à Cannae l'année suivante. C'est alors qu'un nouveau commandant en chef, le jeune Publius Cornelius Scipio (surnommé Scipion l'Africain) prit la tête des forces romaines. Il réussit à battre Hannibal en Italie, puis emmena une vaste troupe en Afrique pour attaquer Carthage elle-même. Hannibal fut rappelé à Carthage ; en 202 av. J.-C., Scipion anéantit son armée à Zama. Carthage était vaincue pour la deuxième fois. Hannibal s'enfuit, mais il devait se suicider en 183 pour éviter d'être pris par les Romains.

Même après la mort d'Hannibal, les Carthaginois ne purent accepter d'être gouvernés par Rome. Une troisième guerre commença en 149 av. J.-C. ; elle se termina en 146 par l'ultime siège de Carthage, au cours duquel Scipion détruisit complètement la ville et réduisit à l'esclavage les 50 000 survivants. L'ancien territoire carthaginois devint la nouvelle province romaine d'Afrique.

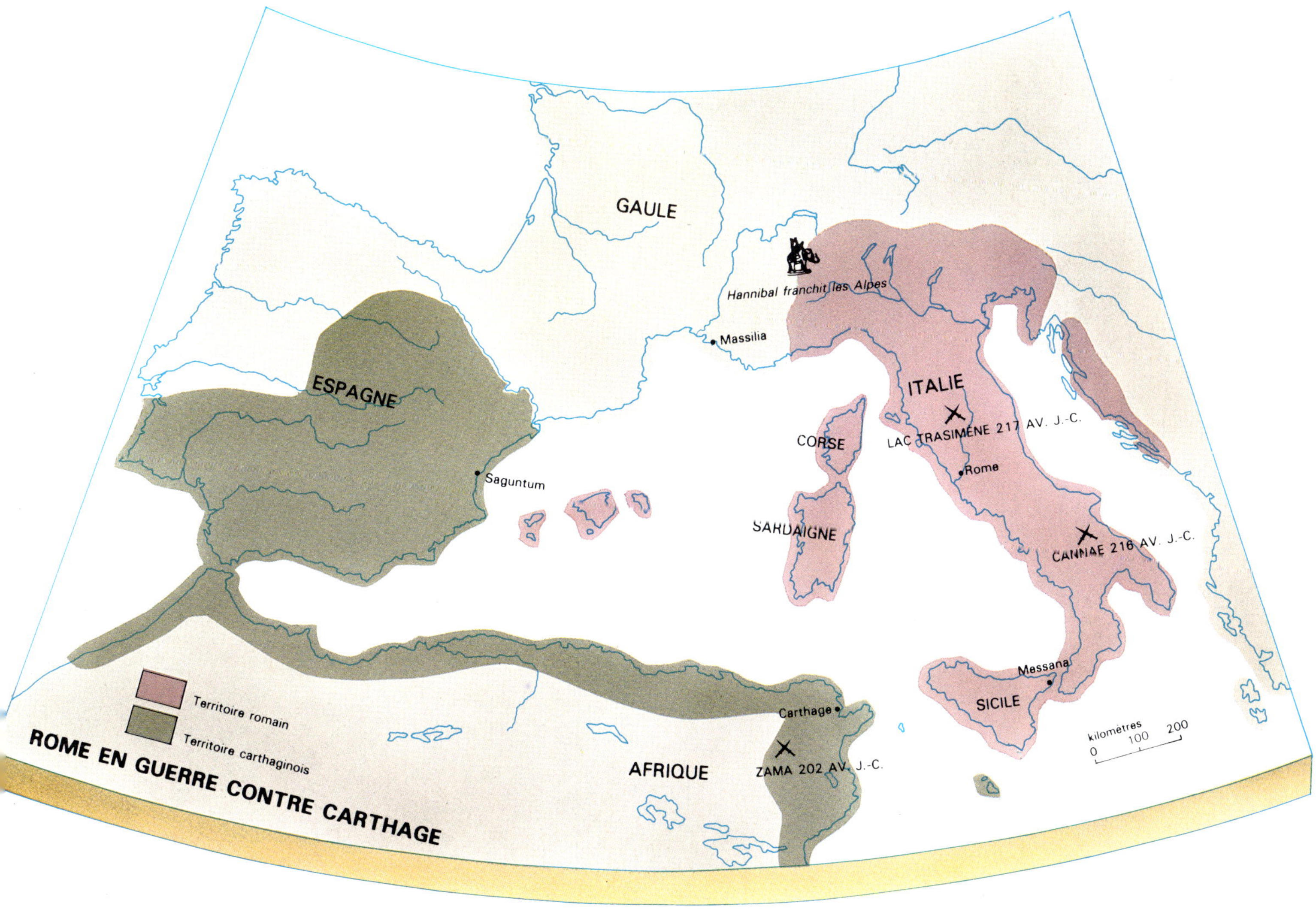

« Après neuf jours d'ascension, l'armée d'Hannibal atteignit le point culminant de la passe enneigée à travers les Alpes – sans cesser d'être attaquée par les tribus montagnardes. Cependant... les éléphants se révélèrent fort utiles aux Carthaginois. L'ennemi était si terrifié par l'étrange apparance de ces animaux qu'il n'osait pas s'en approcher. »

Polybe, historien.

La République change

Après la deuxième défaite de Carthage, les Romains n'eurent même pas le loisir de gouverner leurs territoires en paix. Les Grecs, menacés par la Macédoine, les appelèrent à l'aide. Les Romains déclarèrent la guerre au roi Philippe V de Macédoine et l'anéantirent en 196 av. J.-C. Mais ils durent continuer à se battre contre le roi Anthiochos III de Syrie, qui avait étendu son empire en envahissant la Thrace.

Ces campagnes guerrières finirent par soulever deux problèmes. D'abord, bon nombre de pays annexés par l'État romain n'avaient pas du tout envie d'en faire partie, et les conflits surgissaient souvent entre Rome et l'un ou l'autre de ses « alliés ». Ensuite, Rome avait acquis beaucoup de terres nouvelles qu'elle distribuait aux riches sous forme de gigantesques propriétés – en délestant les petits fermiers. La main-d'œuvre agricole romaine était peu à peu remplacée par des esclaves prisonniers de guerre. A la campagne, il y eut de plus en plus de gens au chômage. Ces derniers émigrèrent vers les villes, notamment à Rome, et le gouvernement dut subvenir à leurs besoins.

La réforme agraire

Un homme comprit mieux que tout autre qu'il fallait agir au plus vite si on voulait éviter la révolte. Cet homme s'appelait Tiberius Gracchus. Tribun du peuple (voir page 18) en 133 av. J.-C., il proposa une loi qui redistribuait aux fermiers pauvres une bonne partie des nouvelles terres acquises par Rome. En échange, les fermiers verseraient une petite rente à l'état. Pour mener ce projet à bien, on établit une commission spéciale dont Gracchus lui-même faisait

Gaius Marius 157-86 av. J.-C.
Homme politique, Marius voulut obtenir le soutien du sénat et du peuple. Quand la guerre civile éclata entre lui et Sylla, Marius occupa Rome et fit assassiner tous ses ennemis. Il se nomma lui-même consul pour la 7e fois en 86 av. J.-C., mais mourut 18 jours plus tard.

Lucius Cornelius Sulla 138-78 av. J.-C.
Sylla provoqua la guerre civile en 83 av. J.-C., en marchant sur Rome avec son armée pour renverser le gouvernement qui le déclarait « ennemi public ». Après la victoire, il se proclama dictateur. Ce fut la rivalité entre Sylla et Marius qui amena la chute du gouvernement républicain de Rome.

partie. La loi fut acceptée, mais il y eut naturellement une forte opposition de la part des riches dont on s'apprêtait à morceler les immenses propriétés. En fait, l'opposition devint si violente qu'on finit par assassiner Gracchus.

Son jeune frère Gaius prit la relève. Elu tribun en 124 av. J.-C., il fut réélu l'année suivante. Durant cette période, il fit voter de nombreuses lois pour aider les pauvres. L'une d'elles, par exemple, permettait de leur fournir du pain à bas prix. Il s'efforça également de donner un peu plus de pouvoir aux *equites* - les gens d'affaires. Mais quand il tenta d'être élu pour une troisième fois, on le pourchassa à son tour. Il se fit poignarder par un esclave afin de ne pas être pris vivant, tandis que 3 000 de ses partisans étaient arrêtés et exécutés.

Les partis politiques

« Dans l'État romain, il y eut toujours deux groupes de gens avides de prendre part à la vie publique et de la diriger. L'un se faisait appeler les *populares,* l'autre les *optimates.* »

Cicéron

Aujourd'hui, nous appellerions ces groupes des partis politiques. Les *optimates* étaient en fait des gens très riches qui voulaient conserver leurs biens et leur pouvoir. Ils essayaient de s'assurer que seuls des hommes partageant leurs idées puissent obtenir des postes politiques importants dans le gouvernement de Rome. Les *optimates* encourageaient fortement l'idée d'un gouvernement par l'intermédiaire du sénat.

Les *populares,* quant à eux, avaient leurs adeptes parmi les travailleurs (et les gens au chômage). Ils étaient également soutenus par certains *equites* qui voulaient obtenir une partie du pouvoir jusqu'ici réservé à la noblesse et au sénat. Ce fut l'opposition entre ces deux groupes qui finit par aboutir à des conflits, à des guerres civiles, et finalement à l'avènement de dictateurs et d'empereurs.

Marcus Tullius Cicero 106-43 av. J.-C.
Cicéron était célèbre pour ses discours contre Verres, terrible gouverneur de Sicile qui avait pillé et assassiné bon nombre de ses sujets. Cicéron lutta aux côtés de Pompée pendant la guerre civile opposant ce dernier à Jules César ; ce qui lui valut plus tard d'être mis à mort par Octave.

Gnaeus Pompeius 106-48 av. J.-C.
Pompée s'allia à Sylla contre Marius, et se fit appeler « Magnus » (le Grand) en 81 av. J.-C., après sa victoire en Afrique. Il gouverna Rome avec Jules César et Marcus Crassus, mais se rangea plus tard du côté du sénat. Vaincu par les troupes de César, il fut assassiné en Égypte.

Jules César

Selon les archives romaines, Jules César naquit entre 102 et 100 av. J.-C. Lui-même déclarait descendre des dieux. Quelle que soit la vérité là-dessus, sa famille comptait certainement parmi les grandes familles de la classe patricienne. Par le mariage de sa tante Julia, il était le neveu de Marius ; cette parenté lui attira l'hostilité de Sylla (voir page 28), qui s'efforça sans succès de le tuer dans son jeune âge. César reçut l'éducation classique d'un jeune aristocrate romain. A vingt ans, il servit dans l'armée en Asie et en Cicilie.

Une carrière politique

Rentré à Rome à la mort de Sylla, en 78 av. J.-C., César gravit peu à peu tous les échelons du pouvoir. En 61, nommé propréteur (ou gouverneur) d'Espagne, il saisit cette occasion pour soumettre la tribu des Lusitaniens, ajoutant un nouveau territoire à l'État romain. En 60 av. J.-C., il fut élu consul à Rome.

Après son consulat, on lui donna le choix d'une province à gouverner. Il se décida pour le nord de l'Italie et la Gaule, et se lança dans des campagnes guerrières qui le menèrent en Germanie et en Bretagne (l'Allemagne et la Grande-Bretagne d'aujourd'hui). En 10 ans, de 59 à 49 av. J.-C., il avait conquis d'autres vastes espaces pour l'État romain. Devant le sénat, Cicéron vanta ses exploits en ces termes :

> « Auparavant, membres du sénat, nous n'avions qu'une route à travers la Gaule. Les autres territoires étaient peuplés de gens hostiles. Il y en avait d'inconnus, de sauvages, de belliqueux. César a mené de grandes batailles couronnées de succès contre les peuples les plus féroces. Grâce à lui, ils font désormais partie de l'État romain. »

La guerre civile

Vers la fin du mandat de César en Gaule, Pompée, qui gouvernait à Rome, se montra jaloux de sa popularité. Il persuada le sénat d'ordonner à César le licenciement de son armée. César refusa, et la guerre civile éclata – opposant les Romains aux Romains. Vous pouvez suivre le déroulement de cette guerre en page de droite.

Statue de Jules César en tenue de général. L'écrivain Suétone précise : « Très minutieux dans le soin de sa personne, il avait coutume de ramener en avant ses cheveux trop rares, pour dissimuler sa calvitie. »

49 av. J.-C. : En franchissant avec son armée le fleuve Rubicon, qui sépare sa province de l'Italie, César déclare la guerre au Sénat.

César pourchasse Pompée jusqu'à *Brundisium.* Pompée réussit à s'enfuir en Grèce.

César attaque les forces de Pompée stationnées en Espagne, et remporte la victoire à *Llerda.*

48 av. J.-C. : César rejoint à présent Pompée en Grèce, et lui inflige la défaite à Pharsale.

Pompée se réfugie à Alexandrie, en Égypte.

47 av J.-C. : César ramène son armée en Italie, via la Bithynie où il met en déroute l'armée du roi Pharnaces, un allié de Pompée, près de *Zela.* La victoire est si facile qu'il envoie au sénat ce simple message : *« Veni, vidi, vici »* (« Je suis venu, j'ai vu, j'ai vaincu »).

46 av. J.-C. : César anéantit les forces de Caton, autre allié de Pompée, à *Thapsus,* Afrique du Nord.

45 av. J.-C. : César élimine le reste de l'armée mené par le fils de Pompée à *Munda,* Espagne.

César dictateur

Jules César avait à présent le contrôle total du gouvernement et des armées de Rome. Il devint « dictateur à vie » en 44 av. J.-C. Manifestement, il voulait voir la fin de toute forme de gouvernement républicain, et convoitait le titre suprême de *rex*– roi.

Les Ides de Mars

L'aristocratie de Rome, avec à sa tête Marcus Brutus et Gaius Cassius, décida d'assassiner César. Ce dernier ignora tous les avertissements et les prophéties lui disant qu'il mourrait le jour des Ides de Mars (date de la pleine lune). Quand il pénétra au Sénat ce jour-là – le 15 mars 44 av. J.-C. – il fut brusquement cerné par une bande de conjurés qui le poignardèrent.

La mort de César ne signifiait pas que la République allait renaître. Son fils adoptif et successeur Octavius (plus connu sous le nom d'Auguste, que lui donna plus tard le sénat) devint à son tour l'unique gouverneur de Rome.

L'Empire

Ci-dessus : « Auguste était d'une rare beauté, qui garda son charme tout le long de sa vie. Cependant, il négligeait toute coquetterie et s'attachait si peu à soigner sa chevelure qu'il occupait en toute hâte plusieurs coiffeurs à la fois ; quant à sa barbe, il la faisait raser pendant qu'il lisait ou même écrivait. »
Suétone, au IIe siècle de notre ère. Le Sénat décerna à Octave le titre Augustus *– ou « qui mérite le respect » – en 27 av. J.-C.*

Fin de la République

Les meurtriers de Jules César croyaient sans doute qu'à sa mort, l'ancienne république serait rétablie. Ils se trompaient. Des hommes puissants n'attendaient que l'ocasion de s'emparer du pouvoir. Deux d'entre eux avaient été des proches de César. Le premier, Marcus Antonius (Marc Antoine), fit un magnifique discours à ses funérailles, exhortant les Romains à châtier ses assassins. L'autre, Gaius Octavius (Octave), était le fils adoptif de César.

Octave avait pour mère la nièce de Jules César. Son père, membre des *equites* et ancien gouverneur de la province de Macédoine, était mort lorsque l'enfant avait quatre ans à peine. Octave avait donc été élevé par sa mère, mais César s'était toujours occupé de lui, et avait fini par l'adopter officiellement.

Au moment de l'assassinat de César, Octave poursuivait des études en Grèce. Il rentra immédiatement en Italie pour venger son père adoptif. Là, il commença à se heurter à Marc Antoine, qui voulait le pouvoir comme lui. Mais plus tard, tous deux unirent leurs forces contre l'opposition de Brutus et Cassius, qu'ils éliminèrent. Puis, malgré leur entente difficile, ils se partagèrent le monde romain – Antoine prenant l'Orient, et Octave l'Occident.

A gauche : Auguste représenté devant l'autel des dieux du foyer. Empereur de l'État romain, il symbolise le chef de famille offrant des sacrifices au nom de ses enfants – le peuple de Rome. Auguste est ici un augure sur le point d'interpréter certains signes des dieux. La méthode employée consiste à observer un poulet en train de picorer ; si son bec laisse échapper quelques grains, ce sera un très bon présage.

Statue de marbre de l'empereur Auguste en uniforme de général romain vers l'âge de 45 ans. Vous remarquerez son plastron de cuirasse ouvragé. On y voit un personnage recevoir une enseigne de l'armée romaine, ce qui fait allusion à la victoire d'Auguste sur les Parthes. Au-dessus de cette scène apparaît Apollon, dieu du soleil, sur son char. Auguste aimait particulièrement Apollon, dont il se disait protégé.

La guerre recommence

Installé à Alexandrie, en Égypte, Marc Antoine s'éprit de la reine Cléopâtre et l'épousa. Il la proclama souveraine d'Égypte et de Chypre, et décréta que les trois enfants qu'elle lui avait donnés régneraient sur diverses parties du monde romain en Asie. Puis il se décerna le titre de roi d'Orient.

Ni Octave ni le sénat ne pouvaient permettre ce démembrement des possessions romaines, et la guerre contre Cléopâtre fut déclarée en 31 av. J.-C. La bataille finale entre Marc Antoine et Octave se déroula à Actium, en Grèce. Octave remporta la victoire ; Antoine et Cléopâtre se suicidèrent. Antoine se poignarda et mourut dans les bras de la femme qu'il aimait. Cléopâtre se fit mordre par un aspic.

Le 11 janvier 29 av. J.-C., Octave proclama la paix à travers tout le monde romain – qui venait de connaître quinze ans d'agitation et de guerre civile. De tous les hommes qui avaient intrigué pour le pouvoir avant et après la mort de César, il ne restait que lui. C'en était fini de la République romaine. Octave avait fait de Rome un empire – et de lui-même un empereur. Le sénat l'appela désormais *Augustus,* terme religieux qui le consacrait comme vénérable aux yeux de tous.

Les Empereurs

Livia 54 av. J.-C. - 29 apr. J.-C.
Livia Drusilla fut d'abord mariée à Tiberius Claudius Nero. Celui-ci accepta de divorcer en 38 av. J.-C. pour lui permettre d'épouser Auguste, bien qu'elle eût déjà un fils, Tibère (plus tard empereur), et attendît à l'époque un deuxième enfant. Auguste l'aima tendrement, et elle exerça une forte influence sur lui pendant tout son règne. Le sénat ayant fait d'Auguste un dieu après sa mort, elle devint sa prêtresse et prit le nom de Julia Augusta. Elle conserva longtemps son pouvoir au sein de la « famille impériale ».

Auguste

« J'ai mené beaucoup de guerres, sur terre et sur mer, dans le monde entier... J'ai connu bien des triomphes. J'ai été consul treize fois, sénateur pendant quarante ans... J'ai fait réparer les aqueducs qui tombaient en ruine... et quatre-vingt deux temples à Rome... J'ai donné des jeux où combattaient 10 000 gladiateurs... J'ai restauré la paix à travers la Gaule, l'Espagne, la Germanie et bon nombre d'autres lieux... J'ai ajouté l'Égypte à l'Empire romain. Le peuple tout entier m'a décerné le titre de *Pater Patriae* (Père de la Patrie). »

Juste avant de mourir à 76 ans, en l'an 14 de notre ère, l'empereur Auguste laissa derrière lui un certain nombre d'écrits personnels. L'un d'eux s'intitulait *Res Gestae Divi Augusti* – Les Œuvres du Divin Auguste – et le passage ci-dessus en est extrait. Au cours de son long règne, l'empereur avait accompli de grandes choses. La plus importante était sans doute une période de paix de plus de trente ans. Pour y parvenir, Auguste s'était efforcé de convaincre le sénat que la République vivait encore. On votait toujours pour élire les membres importants du gouvernement, tels que les consuls.

Mais Auguste avait su veiller à ce qu'on vote selon ses désirs, et choisir lui-même les gouverneurs de ses provinces (qui contrôlaient de vastes armées). En fait, l'Égypte qu'il mentionne ci-dessus demeura sa propriété personnelle ; il avait fait passer une loi interdisant à tout sénateur d'y pénétrer sans sa permission.

Un autre exploit d'Auguste fut la reconstruction de Rome. L'écrivain Suétone rapporte qu'il s'en vantait ainsi : « J'ai trouvé une Rome de briques, je la laisse couverte de marbre. » Auguste fit bâtir un nouveau forum et réparer les temples, les théâtres, les routes et les ponts.

Auguste parla souvent de « restaurer la République », mais ne s'exécuta jamais ; et c'est sans doute grâce à son règne que les Romains acceptèrent d'être gouvernés par des empereurs pendant les six siècles suivants. Ces empereurs n'égalèrent pas tous Auguste. Certains furent même carrément fous, comme Caligula ; d'autres dépensèrent pour leurs plaisirs tout l'argent de l'état.

Les titres d'un empereur

Les empereurs avaient un certain nombre de titres qu'on retrouve sur diverses inscriptions et pièces de monnaie. Auguste s'était donné le nom de *Caesar* pour honorer son « père », Jules César. Le mot devint alors synonyme d'empereur. Le *Kaiser* allemand et le *Czar* (ou *Tsar*) russe en sont dérivés. Plus tard, *Augustus* devint également synonyme d'empereur. Le mot empereur lui-même vient du latin *imperator,* désignant un chef militaire qui a remporté une grande victoire. Sur les pièces de monnaie, beaucoup de titres figurent en abrégé. Par exemple, sur une pièce de l'époque de l'empereur Claude : TI CLAVD CAESAR AVG PM TR IMP PP signifie *Tiberius Claudius Caesar Augustus Pontifex Maximus* (grand pontife) *Tribuni Imperator Pater Patriae* (Père de la Patrie).

Claudius 10 av. J.-C. - 54 apr. J.-C.
Proclamé empereur en 41 apr. J.-C.
Claude naquit à Lugdunum (aujourd'hui Lyon), et eut le malheur d'avoir pour neveu l'empereur Caligula, un fou cruel. Par jeu, Caligula le fit souvent jeter dans le Tibre la nuit. Claude survécut cependant, et après l'assassinat de Caligula, les soldats le proclamèrent empereur. C'était un homme instruit, connu pour ses écrits historiques sur les Étrusques et les Carthaginois. Claude envahit la Bretagne en 43 apr. J.-C., et il annexa la Mauritanie et la Thrace à l'Empire romain. Sa succession fut assurée par l'empereur Néron, que beaucoup soupçonnèrent d'avoir assassiné Claude et son fils, Britannicus.

Hadrianus 76-138 apr. J.-C.
Proclamé empereur en 117 apr. J.-C.
Hadrien naquit à Italica (aujourd'hui Séville) en Espagne, et passa son enfance à la cour de l'empereur Trajan, qui était né dans la même ville. Il servit dans beaucoup de régions de l'Empire romain, tant dans l'armée que comme gouverneur. Il voyagea énormément, car ils s'intéressait aux provinces et à leurs populations, et voulait s'assurer que leurs frontières étaient bien protégées. Il fit bâtir deux grandes lignes de défense – le mur d'Hadrien en Bretagne, et le Limes en Germanie (voir page 41).

Constantinus Ier 272-337 apr. J.-C.
Proclamé empereur en 306 apr. J.-C.
Constantin naquit à Naissus en Moésie, et fut proclamé empereur par ses troupes à York, à la mort de son père. Il revendiqua les provinces d'Occident, mais dut éliminer les autres prétendants au trône. En 330, il installa la capitale de l'Empire romain à Bizance et lui donna son nom – Constantinople, la cité de Constantin, ou « nouvelle Rome ». On l'appela désormais Constantin le Grand, car il avait réussi à unifier l'Empire. Attiré par la religion chrétienne, il se fit baptiser peu avant sa mort.

Le centre de la ville

« Le forum est le lieu où se traitent les affaires publiques et privées. La basilique devrait être située à côté, dans un endroit aussi chaud que possible, afin que les négociants puissent s'y rencontrer en hiver sans être gênés par le mauvais temps. »

Vitruve, écrivant à l'époque d'Auguste.

Le guide de Vitruve à l'usage des architectes décrit les différents bâtiments de type gouvernemental ou religieux qu'on pouvait s'attendre à trouver au centre de toute ville romaine. Ces bâtiments publics étaient généralement groupés autour du forum – un espace ouvert où s'effectuaient diverses transactions, et où les commerçants dressaient leurs étals. C'était également là que les gens aimaient se rencontrer – le forum ressemblait à nos places publiques.

Parfois, le forum prenait une telle importance pour les cérémonies officielles ou religieuses qu'on attribuait aux commerçants un forum plus petit, ou un marché couvert nommé *macellum.* L'illustration ci-contre reproduit le forum le plus célèbre du monde romain – le *Forum romanum* de Rome.

Processions et temples des dieux

Sur notre illustration, une procession religieuse traverse le centre du forum. Il y a là toutes sortes de statues – dieux, déesses, Romains célèbres. Au fond apparaît le Temple de Jules César, que l'on construisit à l'emplacement où son corps fut incinéré. A côté du temple, nous avons placé l'Arc de triomphe – imaginaire – de l'empereur Auguste. On élevait en général ce genre de monument pour célébrer une victoire. Au-dessus de celui-ci se dresse d'ailleurs une allégorie de la Victoire sur son char.

Les basiliques

Il y avait aussi près du forum des bâtiments appelés *basilicae.* Vous pouvez voir à gauche de notre reproduction la *Basilica Aemilia,* ainsi nommée d'après Marcus Aemilius Lépide, homme politique romain. La basilique était un vaste édifice rectangulaire tout en arcades – un genre de halle publique qui servait de tribunal et de lieu de rendez-vous pour les gens d'affaires.

S.BIESTY

L'armée en marche

« Les troupes auxiliaires aux armes légères et les archers marchaient devant, pour parer à toute attaque-surprise de l'ennemi. Venaient ensuite une troupe de soldats d'infanterie et de cavalerie, suivis par dix hommes de chaque centurie portant le matériel nécessaire pour délimiter le camp. Derrière eux marchaient les cantonniers qui avaient pour tâche d'éliminer les tournants de la route. »

Le groupe de soldats et de spécialistes que nous décrit l'historien Flavius Josèphe devançait l'armée. Arrivait ensuite l'équipage du commandant et de ses officiers supérieurs, protégé par un détachement des mieux entraînés ; puis la cavalerie, l'artillerie lourde et ses machines de guerre, les officiers, les porte-enseignes et les trompettes de chaque unité. Le corps d'armée marchait par rangs de six hommes ; il était suivi par le train du matériel et des vivres. Des mercenaires et un solide détachement de fantassins et de cavaliers protégeaient l'arrière de cette gigantesque colonne.

Dès qu'il y avait un nouveau territoire à conquérir ou une révolte à mater aux frontières de l'Empire, l'armée romaine entrait promptement en action. Quand les Romains envahirent la Bretagne, vers le milieu du Ier siècle apr. J.-C., l'armée comprenait 28 légions. A cette époque, chaque légion comptait environ 5 500 hommes – toujours répartis en centuries, commandées par des centurions qui recevaient leurs ordres de tribuns. Les tribuns passaient en général peu de temps dans l'armée ; ce n'était qu'une étape de leur carrière politique.

Le commandant d'une légion, ou *legatus,* était habituellement un sénateur nommé par l'empereur. La responsabilité d'un si grand nombre de soldats ne pouvait être confiée qu'à des hommes dignes de cet honneur. Le commandant était secondé par un *praefectus,* ou préfet, qui le remplaçait en cas d'absence.

Pour s'engager, il fallait être obligatoirement citoyen romain. Ceux qui ne l'étaient pas pouvaient s'enrôler dans les forces auxiliaires, et on leur accordait la citoyenneté romaine à leur retour à la vie civile. Les auxiliaires venaient de tous les recoins de l'Empire et fournissaient souvent à l'armée ses meilleurs cavaliers.

La discipline militaire était rigoureuse et sévère. Les centurions avaient la tâche d'entretenir cette discipline, indispensable parce que l'armée en marche devait s'adapter à des conditions de vie très dures. Pendant la bataille, l'entraînement supérieur de l'armée romaine, son obéissance aux ordres lui donnaient la plupart du temps l'avantage sur l'ennemi.

La colonne de Trajan
A gauche : Photographie de la colonne érigée à Rome par l'empereur Trajan en 114 apr. J.-C. Elle commémorait sa victoire sur les Daces. Ses sculptures détaillées nous renseignent sur l'armée romaine en action. Ci-contre, des légionnaires installent leur camp. Ils bâtissent un rempart de défense avec de la terre transportée dans des paniers d'osier.
Ci-dessous, à gauche : L'armée quitte le camp et s'engage sur un ponton. Les étendards sont ceux de chaque centurie.
Ci-dessous, à droite : Pour attaquer, les légionnaires se protègent en réunissant leurs boucliers. L'abri ainsi formé s'appelait testudo *– mot désignant une carapace de tortue.*

L'armée dans les camps

« Les fantassins portent une cuirasse pour se protéger le buste, un casque, une épée et une dague. Les gardes du corps du général ont une lance et un bouclier rond ; les autres un bouclier long. Chaque soldat transporte aussi une scie, un panier, une pioche, une sangle, une serpette, une chaîne et trois jours de rations. »
Un homme de troupe pouvait avoir à transporter jusqu'à 30 kilos de matériel en marchant. Sous l'armure décrite ci-dessus par Josèphe, le soldat revêtait une tunique de laine. Il portait aussi des sandales, et un manteau de laine.

« Les romains évitent d'être pris au dépourvu par l'adversaire. En territoire ennemi, ils n'engagent jamais la bataille avant d'avoir bâti les défenses de leur camp. »

Cette citation de Flavius Josèphe montre que l'armée romaine obéissait à des tactiques bien définies. Ses défenses lui donnaient l'avantage sur un ennemi moins organisé.

L'installation d'un camp

Pour chaque nuit qu'elle devait passer loin de sa place forte d'origine, que ce soit en manœuvres ou au combat, l'armée dressait le camp selon des règles précises. D'après Josèphe, des spécialistes la devançaient pour choisir le terrain idéal, l'aplanir en cas de besoin, et marquer l'emplacement rectangulaire du camp. Quand le gros de la troupe arrivait ensuite sur les lieux, les hommes creusaient un fossé entourant cet emplacement, et se servaient de la terre récupérée pour bâtir un solide rempart.

On installait les tentes des officiers au centre du camp ; celles des soldats s'alignaient autour. Il fallait aménager des espaces larges comme des rues entre les rangées de tentes, afin que les hommes puissent prendre les armes et se rassembler en un clin d'œil.

Les tentes ressemblaient à nos tentes de camping – mais elles étaient faites de morceaux de cuir cousus ensemble.

Quand l'armée se remettait en route, tout le matériel était transporté jusqu'au camp suivant par les hommes et les bêtes de somme – et il ne restait plus sur place que le mur de fortification. Un soldat romain pouvait marcher jusqu'à 30 kilomètres par jour (en 5 heures environ) avant l'installation d'un nouveau camp.

Les places fortes

En dehors de ces camps provisoires, l'armée romaine avait naturellement besoin d'abris plus permanents. Ses places fortes et forts militaires pouvaient contenir une légion entière. Les forts romains n'ont pas tous les mêmes dimensions ou la même forme, mais leur aménagement était identique, et vous y trouverez souvent le même type de bâtiment au même endroit.

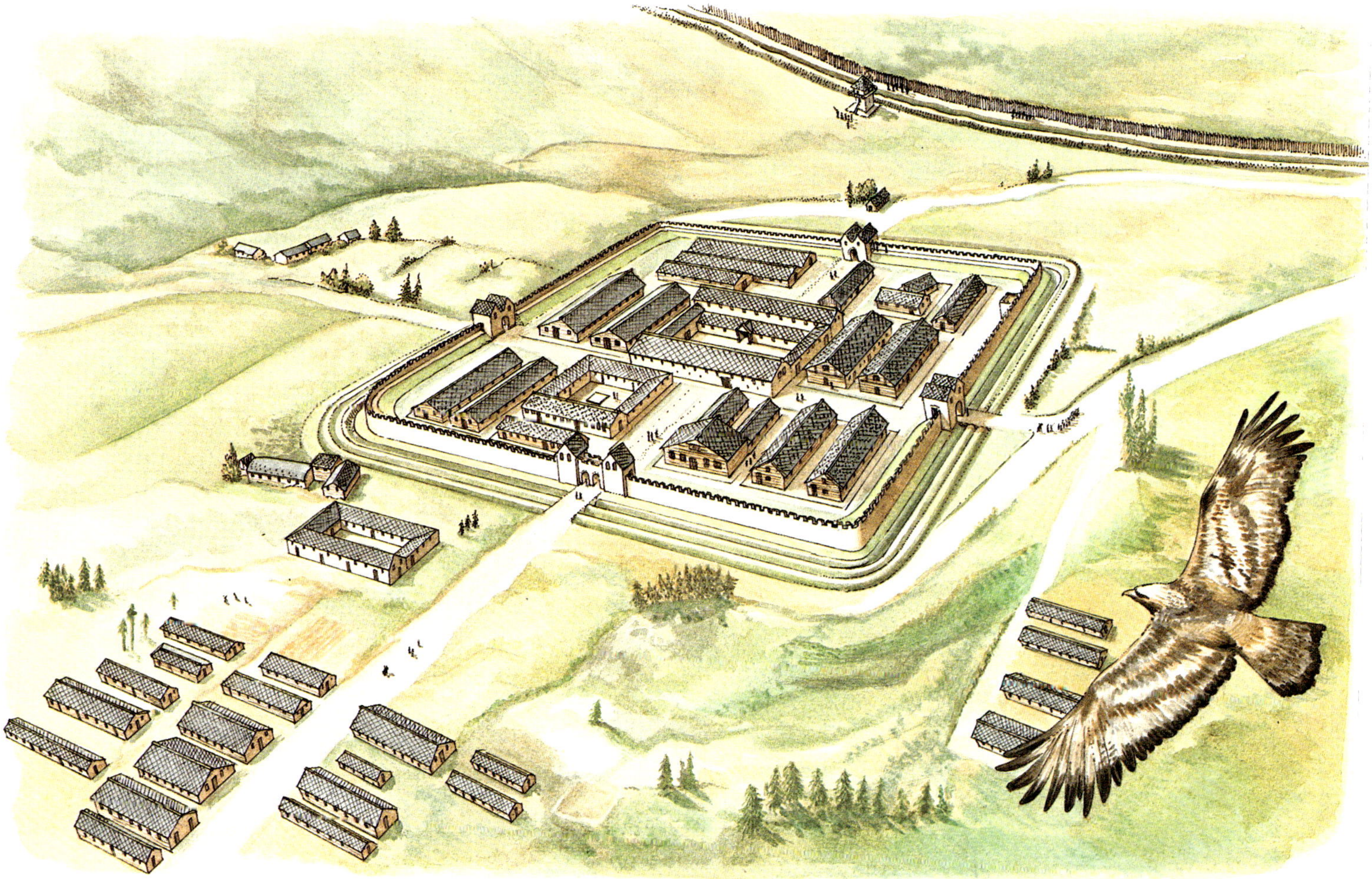

Voici ce que nous en dit l'historien Flavius Josèphe : « On commence par mesurer l'intérieur et par délimiter l'emplacement des rues. On place ensuite au centre les quartiers des officiers et le QG du commandant, qui ressemble à un temple. On croirait voir une ville surgir de terre. » Le fort était généralement rectangulaire ou carré, avec des coins arrondis. Vous pouvez voir ci-dessus la reconstitution du fort de Saalburg, près de Francfort, en Allemagne. C'était un des forts permanents d'une ligne de défense romaine appelée *Limes,* qui s'étirait du Rhin au Danube. Au-delà du fort, on aperçoit cette ligne de défense – qui comprenait talus, fossé, palissade de bois et tours de guet.

L'enceinte du fort était un mur de pierre. A l'intérieur, outre le QG du commandant, on trouvait des entrepôts, des cuisines, des ateliers, des toilettes, et bien entendu les baraquements des soldats – le tout étant nécessaire à une unité de 500 hommes. Devant la porte principale du fort s'était établi un petit village.

Un baraquement reconstitué au camp de Saalburg. Il est en forme de L, avec une grande pièce réservée au centurion au bout. Il comprenait en outre 10 chambrées pour 80 légionnaires et leur équipement. Les soldats prenaient leurs repas dans le baraquement même, car il n'existait pas de mess ou réfectoire.

Le siège de Massada

Beaucoup de peuples de l'Empire refusaient d'être gouvernés par les Romains. En Bretagne par exemple, la tribu celte des Icènes, menée par sa reine Boudicca, déclencha une révolte. Mais elle fut vaincue par la puissance militaire supérieure de Rome, tout comme le furent les Juifs qui vivaient en Syrie et en Palestine.

Juifs contre Romains

La lutte et la défaite finale des Juifs dans la région de Jérusalem, et en particulier le siège de Massada en 74 apr. J.-C., ont été décrits par un témoin digne de foi – un historien que nous avons déjà rencontré, Flavius Josèphe. Lui-même était un Juif et s'appelait à l'origine Joseph ben Matthias.

Après avoir conquis la Judée, les Romains découvrirent qu'il était difficile de contrôler les divers peuples qui s'y côtoyaient. Les Juifs, Grecs et Samaritains se querellaient sans cesse les uns les autres. En 66 apr. J.-C., la révolte contre Rome éclata, et la garnison romaine fut chassée de Jérusalem.

L'empereur Vespasien envoya sur place une armée d'environ 50 000 hommes, et son fils Titus finit par reconquérir Jérusalem en 70. Il y eut plus d'un million de morts, et les prisonniers juifs furent massacrés par centaines dans les amphithéâtres de Syrie et de Rome. Titus et Vespasien célébrèrent la victoire en 71 apr. J.-C. par la construction d'un magnifique arc de triomphe à Rome, mais la guerre n'était pas finie. En 73, un groupe de révoltés nommés les Zélotes occupa la citadelle de Massada, et continua de défier les Romains. Les Zélotes se considéraient comme des patriotes, défenseurs de la liberté ; les Romains ne voyaient en eux que des terroristes.

Les Romains assiègent Massada

Flavius Josèphe nous a laissé un compte rendu vivant du siège de Massada :

> « Le nouveau gouverneur de Judée, Flavius Silva, vit que seule la citadelle de Massada résistait aux Romains. Pour l'atteindre, il fit construire un mur d'assaut tout autour, et disposa ses camps de soldats de façon qu'aucun des assiégés ne puisse lui échapper. »

Josèphe décrit alors le plan de Flavius Silva pour pénétrer dans la forteresse. Sur la photo à droite, vous pouvez voir une grande rampe d'accès qui grimpe à flanc de montagne. Cette rampe avait été une arête rocheuse...

> « Les Romains occupèrent cet éperon rocheux, et bâtirent dessus une plate-forme de terre. Sur cette plate-forme, ils construisirent une jetée de pierre. Sur celle-ci, ils installèrent une tour de 30 mètres de haut, protégée de partout par des plaques de fer. Cette tour abritait les balistes et les lanceurs des pierres. Silva ordonna aussi de heurter le mur d'enceinte de la citadelle avec un grand bélier, en un endroit précis, jusqu'à ce qu'il cède. »

Autrefois consolidée par Hérode, la citadelle pouvait soutenir un long siège. Mais les Zélotes savaient qu'ils n'étaient pas assez bien équipés pour résister à toute une légion. Ils bâtirent hâtivement une palissade de bois à l'intérieur du mur d'enceinte, que le bélier des Romains avait réussi à briser. Ce dernier rempart fut brûlé par leurs attaquants.

La mort – ultime protestation des Juifs

Josèphe évoque à présent le discours adressé aux assiégés par leur chef, Eleazar ben Ya'ir :

> « Il est évident qu'à l'aube, notre résistance touchera à sa fin. Mais nous sommes libres de choisir une mort honorable. Ne devenons pas les esclaves dans nos ennemis. »

Alors se déroula le dernier acte du siège de Massada, le 15 avril de l'an 73 apr. J.-C. :

> « Dix assiégés furent choisis pour exécuter tous les autres. Ensuite, hommes, femmes et enfants s'allongèrent sur le sol et offrirent leur gorge à ceux qui devaient accomplir ce funeste devoir. Quand il ne resta plus que les dix survivants, neuf d'entre eux présentèrent leur gorge au dernier. Après les avoir tués, celui-ci mit le feu au palais, se passa l'épée à travers le corps et tomba près de sa famille. »

960 Juifs avaient donc préféré le suicide collectif à la domination romaine. Plus tard, les Romains découvrirent une femme et ses cinq enfants cachés dans une citerne – c'est ainsi que Josèphe put connaître les détails de la tragédie. Son récit fut vérifié en grande partie quand les archéologues israéliens fouillèrent le site de Massada en 1963-1965.

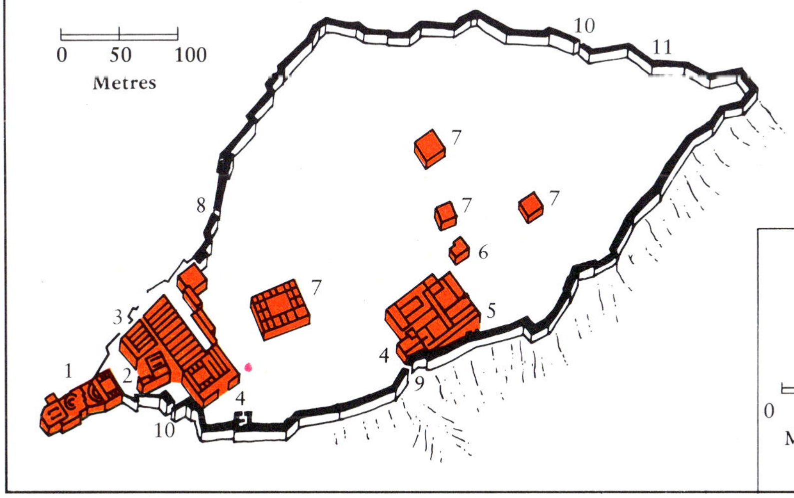

La forteresse du roi Hérode
1 Palais privé du roi Hérode
2 Thermes
3 Entrepôts
4 Offices
5 Palais officiel du roi Hérode
6 Piscine
7 Appartements
8 Porte du sentier
9 Porte ouest
10 Porte de l'eau
11 Réservoir d'eau souterrain

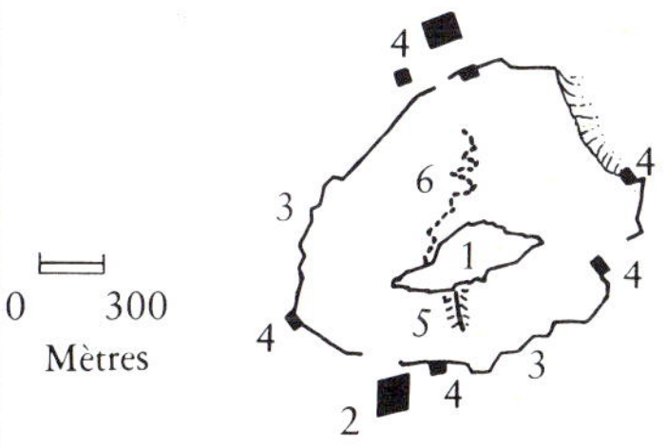

Les Romains à Massada
1 Massada
2 Quartier général romain
3 Mur d'assaut romain
4 Camps romains
5 La rampe d'accès
6 Sentier menant à Massada

Le commerce sous l'Empire romain

« Tant de navires marchands arrivent à Rome en provenance de partout, à toute époque de l'année, et après chaque moisson, que la ville semble être l'entrepôt du monde. Arrivées et départs ne cessent jamais ; on pourrait s'étonner que la mer – sans parler du port – soit assez grande pour tous ces bateaux. »

Aelius Aristidès, IIe siècle apr. J.-C.

Dès le IIe siècle apr. J.-C., un gigantesque réseau de voies commerciales s'établit à travers l'Empire. Les articles voyageaient par mer, à dos de chameau, ou dans des chariots. Une famille aisée vivant en Bretagne ou en Germanie pouvait avoir à sa disposition tous les luxes offets par l'Inde ou la Chine, par exemple. Les chargements arrivaient rapidement à bon port : un navire romain parcourait 160 km par jour, une caravane de chameaux 34 km.

L'import-export était en grande partie l'affaire de négociants privés, mais les fonctionnaires de l'État surveillaient certaines transactions. Le gouvernement contrôlait en effet le commerce du blé et des métaux, précieux ou autres – or, argent, cuivre, laiton, plomb et fer.

A chacun sa ration de pain

Le commerce du blé était probablement le plus important. Le peuple en avait besoin pour son alimentation, et certaines régions de l'Empire en produisaient peu. Il en fallait en outre pour distribuer du pain aux pauvres, qui ne survivaient que grâce aux dons de l'État. Les registres de Rome attestent qu'au IIe siècle apr. J.-C., 20 000 personnes recevaient régulièrement cette aumône. Sans distribution de pain gratuit, le gouvernement courait au-devant d'une émeute.

La carte de droite vous indique les marchandises qui circulaient à travers l'Empire. Vous n'y trouverez que celles qui parcouraient de grandes distances, mais on expédiait aussi de proche en proche les produits fermiers. Étant donné la popularité des « jeux » dans les amphithéâtres, les animaux sauvages arrivaient de partout : cerfs et ours par exemple de Bretagne, éléphants d'Inde, hippopotames et crocodiles d'Égypte, bisons de Sarmatie et lions d'Arabie.

Les amphores étaient de grands récipients en terre servant à transporter l'huile d'olive, les fruits secs, le vin et autres denrées.

Ostie : le port de Rome

Ostie se trouve à l'embouchure du Tibre, à 25 km de Rome. Le port comprenait de vastes entrepôts appartenant à des firmes d'import-export. La chambre de commerce d'Ostie comptait 61 firmes marchandes, dont chacune annonçait son commerce ou service par une mosaïque – ci-dessous, celle d'un constructeur et réparateur de bateaux.

L'empereur Claude fit réaménager le port d'Ostie et le dota d'un phare ; l'empereur Trajan y bâtit un deuxième port.
Les cargos étaient déchargés par des bacs comme celui de la peinture ci-dessus – qui décorait la tombe d'un marin nommé Arascanius. Le mât servait à remorquer le bac, pas à soutenir une voile.

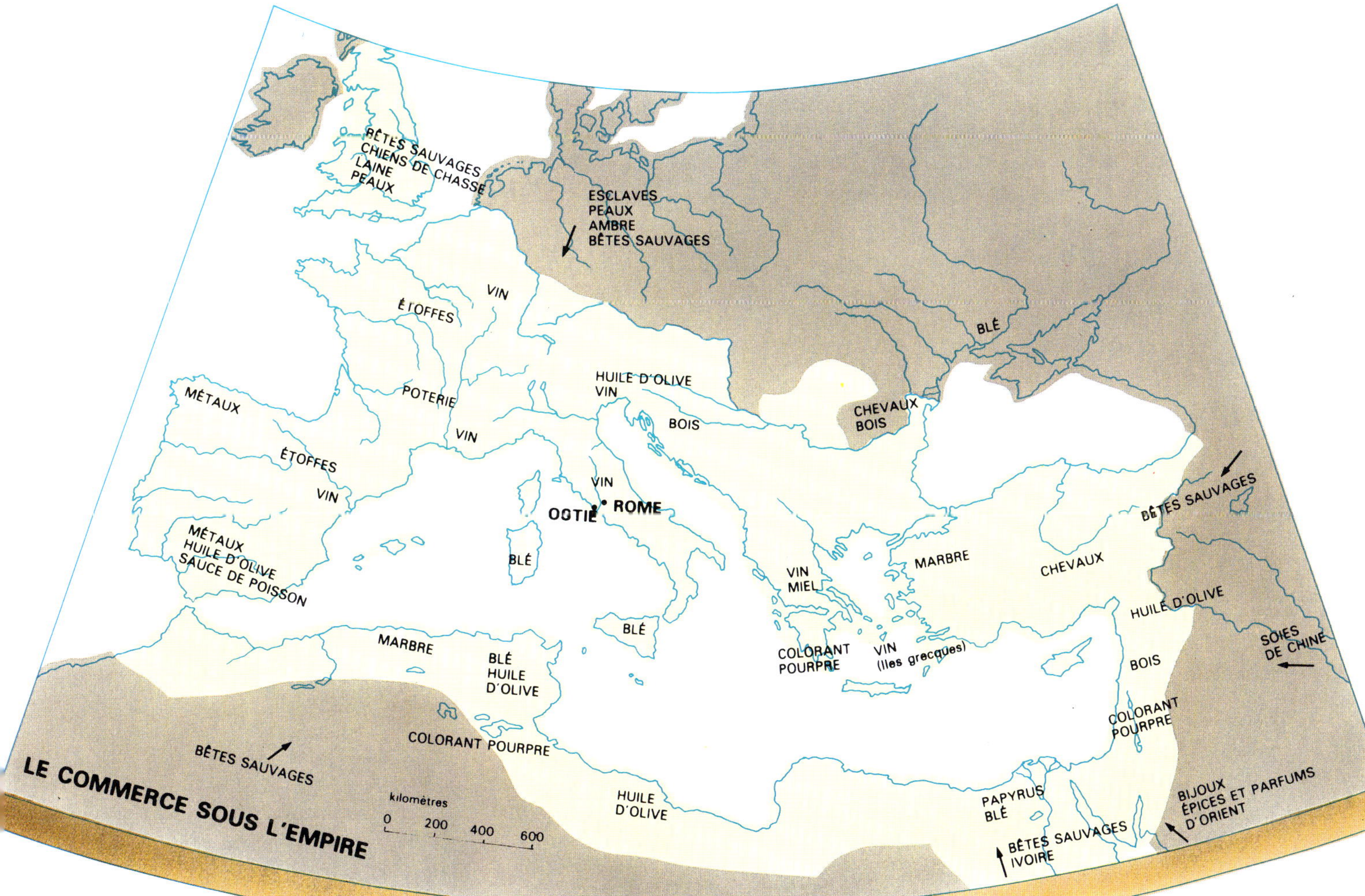

Une ville romaine : Pompéi

« Le 24 août, vers une heure de l'après-midi, ma mère montra à mon oncle un nuage à la forme étrange. Nous ne pouvions discerner de quel mont il provenait, mais nous découvrîmes plus tard que c'était du Vésuve. En s'élevant, le nuage prit la forme d'un pin. Il fusa d'abord à une grande hauteur comme un tronc élancé, puis le sommet s'épanouit en branches. »

Voilà ce qu'écrivait en 79 apr. J.-C. un témoin ayant assisté à l'éruption du Vésuve et à la destruction de deux importantes villes romaines, Pompéi et Herculanum. Ce témoin était l'écrivain Pline le Jeune, qui séjournait alors chez son oncle, le commandant de la flotte romaine ancrée dans un petit port proche appelé Misène.

Intrigué par ce nuage « tantôt brillant, tantôt sombre et comme saturé de terre et de cendres », et apprenant que la population était en danger, l'oncle de Pline décida aussitôt de lui porter secours avec sa flotte. Mais à peine débarqué, nous dit Pline, il fut asphyxié par des vapeurs de soufre – et mourut en essayant de regagner son bateau.

Des heures durant, le Vésuve fit pleuvoir des cendres brûlantes et des galets de lave sur les villes environnantes. Le nuage s'étendit jusqu'à Naples. Pompéi, qui ne se trouve qu'à 8,50 km du volcan, fut recouverte par une couche de cendres et de pierres de 4 mètres d'épaisseur. Une marée de boue consécutive à l'éruption submergea Herculanum. Quand le ciel finit par s'éclaircir, trois jours plus tard, ces deux villes avaient disparu de la surface de la terre.

A Pompéi, il y eut 2 000 morts sur une population de 20 000 personnes. La plupart des fermiers et des habitants des agglomérations voisines n'avaient plus de toit. Le poète romain Martial nous dit que « tout avait été englouti par

A droite : Gens et animaux furent asphyxiés par les vapeurs volcaniques. La cendre se solidifia autour d'eux, formant des « moules » à l'intérieur desquels ils se décomposèrent. Des siècles plus tard, en versant du plâtre liquide dans ces moules, on put obtenir d'étonnantes reproductions. Ce chien de garde était resté enchaîné, peut-être oublié par ses maîtres dans leur fuite. Les Romains aimaient appeler leurs chiens Ferox *(féroce) ou* Celer *(agile).*

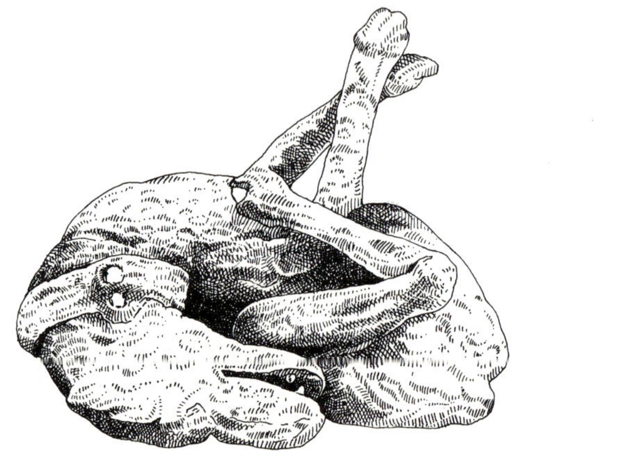

Illustration représentant une fouille, extraite d'un guide de Pompéi publié en 1881. Notez la hauteur de la surface réelle du sol au-dessus des bâtiments. Au XIXe siècle, des milliers de gens visitèrent Pompéi. Sur cette gravure, on assiste à la découverte d'une boulangerie, avec ses meules à farine à droite, et son four au fond. Ce four était encore plein de miches de pain l'après-midi du 24 août 79 apr. J.-C.

Une vue aérienne de Pompéi. Les fouilles des XVIIIᵉ et XIXᵉ siècles permirent d'exhumer de vastes ensembles architecturaux qu'il fallut ensuite consolider ou protéger. On peut aujourd'hui pénétrer à l'intérieur de certains bâtiments, en partie reconstruits avec leur toit. Sur cette photographie, on distingue à gauche le forum, au milieu les deux théâtres, et à l'extrême droite un amphithéâtre.

les flammes, enterré sous les cendres de la tristesse. » L'empereur de l'époque, Titus, envoya une commission sénatoriale sur place pour distribuer de l'argent aux sinistrés. Il leva même un fonds spécial dans le but de reconstruire les villes disparues – mais ce projet coûteux dut être abandonné, car elles étaient trop profondément enfouies.

Les villes romaines redécouvertes

On oublia peu à peu Pompéi et Herculanum, et ce n'est qu'en 1594 qu'on s'intéressa de nouveau à leur site. Les fouilles commencèrent au XVIIIᵉ siècle ; mais elles n'avaient rien du travail archéologique soigné dont nous vous avons parlé plus tôt. Il s'agissait en fait de chasses aux trésors qui provoquèrent malheureusement pas mal de dégâts – on cherchait surtout à mettre la main sur les objets d'art et les statues.

En 1860 fut nommé un nouveau directeur des fouilles de Pompéi, Giuseppe Fiorelli. Contrairement à beaucoup de ses prédécesseurs, qui avaient fouillé au hasard et fait apparaître un certain nombre de maisons isolées, Fiorelli entreprit le dégagement systématique des rues de la ville. Il fut aussi le premier à utiliser la technique des moulages en plâtre – comme celui du chien que vous voyez en page de gauche.

Fiorelli et les archéologues qui lui succédèrent ne découvrirent pas seulement des vieilles pierres. En fuyant précipitamment pour échapper à la furie du volcan, les gens avaient abandonné derrière eux toute sorte d'objets usuels. A Pompéi et à Herculanum, la plupart de ces objets étaient encore en très bon état – ce qui n'est pas souvent le cas en archéologie. On trouva même du pain que le feu avait transformé en carbone. La gravure de la page 46 vous montre des chercheurs sortant d'un four de boulanger des miches parfaitement conservées.

Graffiti et inscriptions

Les habitants de Pompéi adoraient griffonner sur les murs. Les archéologues ont ainsi mis à jour des inscriptions et graffiti donnant des renseignements pittoresques – par exemple la liste des jours de marché dans les villes voisines (le marché avait lieu le samedi à Pompéi), ou cette publicité pour les jeux de l'amphithéâtre :

« Les gladiateurs d'Aulus Suettius Certus se battront à Pompéi le 31 mai. Il y aura une chasse aux fauves, des velums seront fournis. »

Il y avait aussi des message de ce genre :

« Successus le tisserand est amoureux d'Iris, l'esclave qui travaille à l'auberge. »

Ou encore :

« Un pot de bronze a disparu de la boutique... une récompense à quiconque le rapportera. »

Près du temple de Vénus, des marchands dressaient leurs étals et vendaient aux fidèles des offrandes et autres articles. L'un d'eux a écrit :

« Ici Verecunnus, marchand de gâteaux. » Enfin, de quelqu'un qui en avait peut-être assez de voir tant d'inscriptions sur les murs, on trouve cette observation pleine d'humour :

« Je suis surpris, ô mur, que tu ne sois pas encore tombé en ruine sous le poids de toutes ces bêtises, »

Pompéi : le plan de la ville

Pompéi existait bien avant d'être une ville romaine. Fondée par les Osques, elle fut agrandie au VIe siècle av. J.-C. par les Grecs, qui la protégèrent par un mur d'enceinte et en firent une cité commerciale. Elle subit ensuite l'invasion des Étrusques, puis des Samnites – lesquels l'occupèrent et la développèrent un certain temps, jusqu'à ce que les Romains finissent par les chasser en 290 av. J.-C.

La ville continua à prospérer, et fut déclarée *colonia* en 80 av. J.-C. – c'est-à-dire lieu de résidence des militaires retraités et de leurs familles. On y construisit alors beaucoup de bâtiments neufs. Par exemple, le petit théâtre (ou *odéon*) et l'amphithéâtre (qui pouvait recevoir 20 000 spectateurs) datent de cette époque. Pompéi devint bientôt célèbre pour ses meules (la pierre dure abondait dans la région), une sauce à base de poisson (proche du n'hoc man chinois), ses parfums et ses étoffes.

« Une fois bâtie l'enceinte de la ville, la première chose à faire est de délimiter ses rues principales et ses allées. »

Vitruve, architecte à l'époque d'Auguste.

Grecs et Romains planifiaient méthodiquement leurs villes. Sur le plan ci-dessous, on peut voir que la surface (d'environ 65 hectares) enclose par l'enceinte des Grecs était nettement divisée en secteurs réservés aux habitations. Les Romains appelaient ces secteurs *insulae* (ou îles) ; nous les appellerions pâtés de maisons.

Le centre ville

La partie la plus ancienne de la ville était autour du forum dont nous avons vu l'importance. Le forum de Pompéi disposait d'un portique, ou galerie couverte soutenue par des colonnes, et de divers édifices religieux – temples dédiés à Jupiter, à Apollon, à l'empereur Vespasien et aux Lares (dieux de la cité et du foyer).

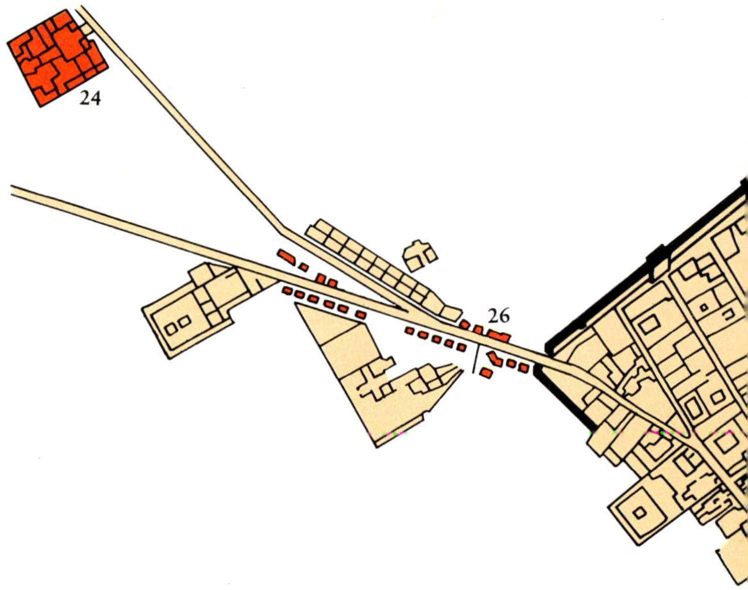

Il y avait aussi des bâtiments à usage gouvernemental – la salle des votes ou *comitium,* l'office du conseil municipal et la *basilica* (grande halle publique) ; ainsi que des bâtiments commerciaux – un petit marché couvert, le marché des étoffes, celui du blé. On trouvait enfin un office des poids et mesures créé par le conseil municipal, et dont la tâche consistait à vérifier que les marchandises étaient bien vendues selon le respect des lois.

UNE VILLE ROMAINE : POMPÉI

1 Mur d'enceinte de la ville, avec portes et tours de guet carrées
2 FORUM : la place principale de la ville entourée de bâtiments publics
3 Les services publics de la ville
4 Le marché des étoffes
5 Basilique
6 Comitium
7 Macellum, ou petit marché couvert
8 Temple de Jupiter
9 Temple d'Apollon
10 Temple de Vespasien
11 Temple des Lares
12 FORUM TRIANGULAIRE : le premier forum de la ville
13 Temple de la déesse égyptienne Isis

LES LIEUX DE DIVERSTISSEMENT

14 Théâtre (voir page 60)
15 Odéon ou petit théâtre
16 Caserne des gladiateurs
17 Amphithéâtre
18 Palaestra : un terrain de jeux de plein air entourant une piscine

LES BAINS PUBLICS

19 Petits thermes situés près du forum (voir page 52)
20 Thermes centraux
21 Thermes près de la voie menant à Stabies
22 Réservoir d'eau (voir page 50)

LES MAISONS

23 Maison du Poète Tragique (voir page 72)
24 Villa des Mystères, ainsi nommée d'après ses peintures de cérémonies religieuses secrètes
25 Maison des Frères Vetii

26 CIMETIÈRES hors de l'enceinte de la ville

Les services publics

Quand le conseil municipal voulait développer une nouvelle partie de la ville, il devait prévoir en tout premier lieu son approvisionnement en eau et son système d'égouts. Ces problèmes étaient liés à la construction des rues, et dans le cas de Pompéi, à celle des trottoirs.

Le service des eaux

Les Romains accordaient beaucoup d'importance à l'eau, qu'ils utilisaient en grande quantité pour leurs bains et leur consommation courante. Leur système d'approvisionnement était bien étudié, notamment dans les villes. Dans la plupart des cas, l'eau y était amenée par un aqueduc – du latin *aquae ductus,* « conduit d'eau ».

L'aqueduc consistait généralement en un simple canal qui charriait l'eau à travers champs à partir d'une bonne source, rivière ou ruisseau. Ce canal pouvait être une modeste rigole, ou un fossé correctement tapissé de pierre. Parfois, il lui fallait passer sous terre ; il nécessitait alors le percement d'un tunnel. En d'autres occasions, les aqueducs devaient franchir des fleuves ou des vallées, comme celui du Pont du Gard en page 6. L'aqueduc qui fournissait Pompéi en eau démarrait à 40 kilomètres à l'est de la ville.

L'eau se déversait dans un *castellum aquae,* ou château d'eau. Celui de Pompéi se trouvait près de la porte faisant face au Vésuve. Il approvisionnait lui-même une série de réservoirs de plomb, montés sur des tours de 6 mètres de haut, et disposés à travers la ville. Jusqu'ici, les fouilles ont permis de dégager 14 réservoirs de ce genre. Des tuyaux de plomb transportaient ensuite l'eau dans les maisons, les boutiques, les bains et les fontaines publiques.

Le conseil municipal désignait un fonctionnaire responsable du service des eaux – un *curator aquarum.* Il avait à sa disposition une équipe de spécialistes chargés de réparer et nettoyer les conduits ; et surtout de freiner la consommation abusive de certaines personnes ! Les problèmes d'un inspecteur des eaux ont été rapportés par un *curator aquarum* nommé Frontinus dans son traité intitulé Le Service des eaux de Rome, écrit en 97 apr. J.-C. :

« L'inspecteur doit s'assurer qu'aucun citoyen ne puise plus d'eau qu'il n'en a reçu permission de l'empereur. Il doit être tout le temps sur ses gardes, car il existe différentes formes de fraude dans ce domaine. »

Les maisons de Pompéi ne disposaient pas toutes de l'eau courante, mais il y avait beaucoup de fontaines publiques dans les rues.
A droite : Une fontaine de pierre alimentée par des tuyaux de plomb qui passaient sous le trottoir.
Ci-dessous : L'eau des fontaines jaillissait souvent d'une tête de dieu sculptée, du genre de celle-ci.

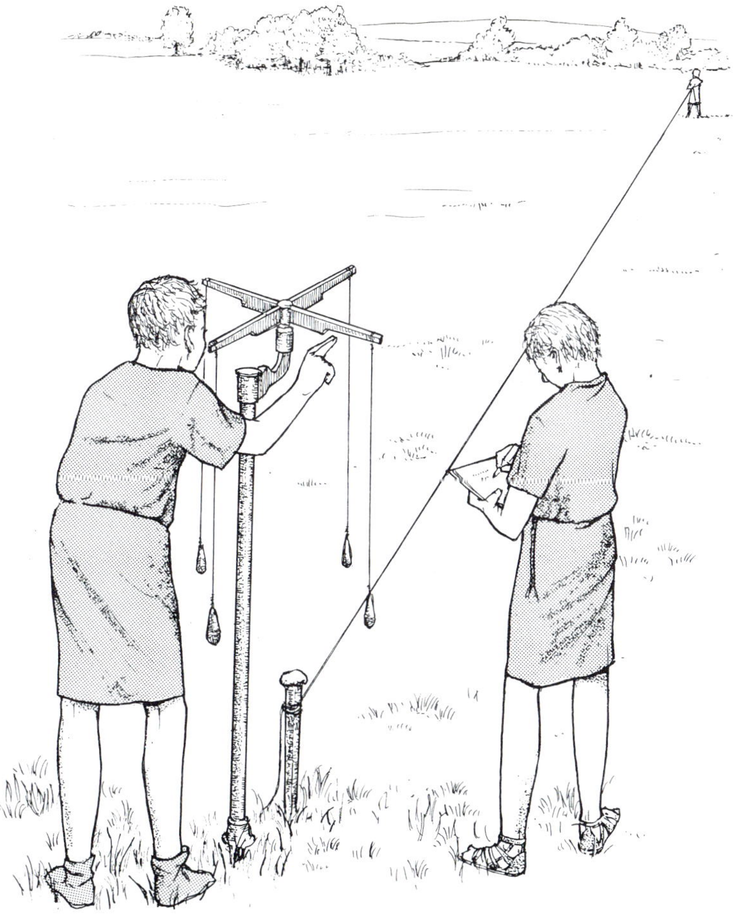

L'arpenteur

Toute construction nécessitait le concours d'un architecte, d'un arpenteur et d'un entrepreneur. Quand on voulait planifier une ville entière ou concevoir un bâtiment individuel, des calculs précis étaient nécessaires. Pour s'aider dans sa tâche, l'arpenteur avait recours à divers instruments. Le dessin à gauche vous en montre un nommé *groma*. Une fois correctement planté en terre grâce à ses fils à plombs, il permettait de repérer lignes et angles droits.

Un autre outil plus complexe, ou *dioptra,* rappelait le niveau ou le théodolite qu'utilisent les arpenteurs aujourd'hui. Il existait aussi un instrument appelé *chorobates,* semblable à notre niveau à bulle d'air.

En dépit des difficultés, Frontinus estimait pouvoir fournir 1 000 millions de litres d'eau chaque année à la population de Rome.

Les rues

Pompéi avait des rues et des bordures de trottoirs pavées de pierre, ce qui n'était pas le cas dans beaucoup d'autres villes. Il est vrai que les pierres ne manquaient pas dans la région. Observez la photographie à gauche. On y voit une fontaine qui avance sur la rue, protégée de la circulation des chars par deux grosses pierres. Les trois blocs de pierre que vous remarquez un peu plus haut permettaient de traverser sans se mouiller en cas d'inondation. Pompéi n'avait pas d'égouts – les eaux s'écoulaient dans des rigoles, le long des trottoirs.

A droite : Une grue en bois comme on en utilisait pour aménager ou réparer par exemple un arc de triomphe – ici, l'Arc de l'empereur Caligula à Pompéi.

Sports et loisirs

Les bains publics

« J'habite juste au-dessus des thermes – vous savez ce que ça veut dire. Écœurant ! D'abord, il y a les « costauds » qui font leurs exercices et soulèvent des poids en grognant et en gémissant. Ensuite, il y a les paresseux qui se font masser – j'entends les claques qu'on leur assène. Et puis il y a quelqu'un qui braille, ou le tintamarre provoqué par l'arrestation d'un voleur, ou encore l'homme qui adore s'écouter chanter dans son bain. Et que dire de ceux qui sautent bruyamment dans la piscine, et qui éclaboussent tout autour d'eux ! »

Sénèque, vers 63 apr. J.-C.

Les Romains jugeaient indispensables leurs établissements de bains publics, ou thermes. La plupart des villes en possédaient plusieurs. Riches et pauvres se rendaient fréquemment aux bains – cela ne coûtait pas cher, et les enfants ne payaient rien. Mais il ne faudrait pas croire que les Romains allaient aux thermes seulement pour se laver. C'était plutôt une façon agréable de se délasser pendant quelques heures. Certains y séjournaient même fort longtemps – dans un des bains publics de Pompéi, quelqu'un a écrit sur le mur « Jarinus, tu vis ici ! » Les thermes étaient un endroit idéal pour bavarder avec ses amis, jouer aux dés, ou traiter une affaire.

Salle froide, salle chaude, étuve sèche

A quoi ressemblaient les bains ? Ainsi nous les décrit Lucien au IIe siècle apr. J.-C. dans une de ses Satires sur la vie des Romains :

« En arrivant aux bains, vous pénétrez dans une vaste entrée entourée de nombreuses pièces à l'usage du personnel... Vous passez alors dans un vestiaire pour vous déshabiller... Puis

dans une salle légèrement tiède, afin de ne pas affronter d'emblée une suffocante chaleur... Il y a ensuite une salle chaude, et une autre où se trouvent trois bains chauds. Après vous être baigné, inutile de revenir en arrière – vous allez immédiatement dans la salle froide. »

Vous pouvez voir ci-dessous la reconstitution d'un des établissements de bains publics de Pompéi – le plus petit, situé près du forum. On y trouvait tout ce que vient de mentionner Lucien : un vestiaire, ou *apodyterium ;* puis une salle tiède, le *tepidarium,* et une salle chaude, le *caldarium* – où l'on pouvait déposer sa serviette dans une niche au creux du mur et s'asseoir sur un banc. Le *caldarium* ressemblait beaucoup à un hammam moderne. Dans certains établissements, il y avait aussi un *laconicum* – une étuve très chaude, mais sèche, du genre sauna. Mais d'où provenait donc toute cette chaleur ? Une partie de la réponse vous est donnée à gauche de notre illustration. Vous observerez que le plancher de la salle chaude repose sur des piliers. Sous ce plancher, un brasier envoyait une circulation d'air chaud dans des conduits passant à travers les murs et les plafonds voûtés. Les Romains appelaient ce système de chauffage *hypocaustus.*

Au centre de l'illustration (entre deux colonnes), on aperçoit la salle froide, ou *frigidarium.* Elle comprend un bassin profond dans lequel on pouvait se rafraîchir après avoir fait un peu d'exercice physique dans la cour, ou *palaestra,* qui se trouve à droite.

En général, les hommes et les femmes ne se baignaient pas ensemble ; ils utilisaient les mêmes bains, mais à des horaires différents. Cependant, cet établissement de Pompéi disposait de bains séparés uniquement réservés aux femmes. Un nombreux personnel d'esclaves était nécessaire pour entretenir le tout, nettoyer les bains, attiser les feux, servir des repas légers, masser la clientèle et parfois l'épiler. Une partie du travail consistait également à enduire d'huile le corps des gens, après un bain de vapeur ou un exercice, et à leur « racler » la peau à l'aide d'un instrument courbe nommé strigile.

Les gladiateurs

Toute ville romaine avait ses bâtiments publics réservés aux divertissements. Dans les amphithéâtres et les stades s'entassait une foule dense, venue voir combattre les gladiateurs ou courir les chars. Mais les gens aimaient aussi les pièces de théâtre grecques ou romaines, les concerts et les récitals de chant et de poésie.

Mort et cruauté en guise de divertissement
Durant les « jeux » des amphithéâtres, on entendait les cris des agonisants et des animaux effrayés se mêlant aux exclamations de la foule. Le Colisée de Rome attirait régulièrement 50 000 personnes par ses distractions sanglantes de type varié. L'amphithéâtre de Pompéi pouvait quant à lui contenir 20 000 spectateurs.

Les combattants
Les gladiateurs étaient des hommes très entraînés qui se battaient en général jusqu'à la mort. Certains s'armaient de pied en cap : épée, bouclier, cuirasse. D'autres se contentaient d'un filet et d'un trident. Ces équipements divers leur valaient différents surnoms. Le « Gaulois » était celui qui se servait d'un bouclier léger et d'une simple épée ; le « Samnite », entièrement dissimulé sous une lourde armure, brandissait une hache ; le « Thrace », pour sa part, se défendait à l'aide d'un bouclier rond et d'une dague incurvée.

Les gladiateurs étaient d'ordinaire d'anciens esclaves prisonniers de guerre. Ils avaient une faible chance de survie, mais on leur accordait la liberté s'ils se battaient bien et « en donnaient pour leur argent » aux spectateurs.

Les bêtes fauves
Dans les amphithéâtres, on organisait également des combats entre gladiateurs et bêtes sauvages, ainsi que de spectaculaires chasses aux fauves. Les animaux étaient emprisonnés dans des cages spéciales au-dessous de l'arène (du mot *arena,* qui désignait le sable utilisé pour éponger le sang). Le moment venu, on faisait monter ces cages des souterrains, et les fauves effectuaient leur dramatique entrée devant les spectateurs. Toutes sortes d'animaux étaient rassemblés pour ces occasions – panthères, lions, hyènes, ours, rhinocéros, éléphants, zèbres, girafes, sangliers, cerfs, chevaux sauvages et serpents. Combien de ces animaux pouvez-vous identifier sur la mosaïque ci-dessous – qui décorait le sol d'une maison de Lepcis Magna, en Afrique ?

Ce vase fut exécuté à Colchester, en Bretagne, vers 200 apr. J.-C. Il est décoré d'une chasse aux fauves et d'un combat entre deux gladiateurs. Le premier est en armure, le deuxième n'a qu'un filet – on appelait cet adversaire un retiarius. *Une inscription au-dessus de leurs têtes nous donne leurs noms – MEMNON et VALENTINUS (à droite). Valentinus lève le doigt ; cela signifie qu'il a été vaincu par Memnon – son trident est du reste tombé par terre – et qu'il demande grâce à la foule.*

Parfois, on inondait l'amphithéâtre pour des « combats aquatiques » avec des crocodiles, des hippopotames et des phoques. On dressait également certains animaux à faire des tours savants. Mais on préférait les chasser et les massacrer – et il n'était pas rare que quelques-uns des chasseurs y laissent aussi leur vie.

Réactions aux jeux

Les Romains n'approuvaient pas tous la férocité.

> « Je suis passé par hasard à l'amphithéâtre pour le spectacle de midi, m'attendant à voir du beau sport et à me distraire. Ce fut juste le contraire. Par comparaison, les combats auxquels nous avons déjà assisté étaient miséricordieux, mais maintenant, nous en arrivons au meurtre pur et simple. Le matin, on jette des hommes aux lions et aux ours – à midi, c'est aux spectateurs qu'on les jette. »
>
> *Sénèque.*

> « Les chasses aux fauves, deux par jour pendant cinq jours, sont magnifiques – je ne peux le nier. Mais quel plaisir peut trouver un homme de goût à voir un fragile être humain déchiré par une bête sauvage d'une force terrible, ou un élégant animal transpercé par une lance ? »
>
> *Cicéron.*

Le spectacle de tant de violence provoquait souvent des rixes parmi la foule elle-même, comme cela se produisit à Pompéi en 59 apr. J.-C. :

> « Tout commença par un petit incident au cours d'un combat de gladiateurs. On hurla d'abord des insultes, puis on jeta des pierres, et on brandit finalement les épées. Les supporters de Pompéi s'en tirèrent à bon compte – on emporta un certain nombre d'habitants de Nuceria blessés ou tués. »
>
> *Tacite.*

Le Colisée

« Quelle nation peut être si éloignée, ô empereur, ou si barbare qu'aucun de ses habitants ne soit encore venu admirer les jeux dans ta cité ? On voit ici des fermiers des Balkans, des gens du sud de la Russie élevés au sang de cheval, des gens qui boivent les eaux du Nil et même ceux de la lointaine Bretagne. Des Arabes et des Turcs ont accouru chez nous, ainsi que des hommes des tribus germaniques et éthiopiennes, arborant chacun sa coiffure particulière. »

*Ce poème de Martial fut adressé à l'empereur Titus en 80 apr. J.-C. pour fêter l'inauguration de l'*Amphitheatrum Flavium *(ci-dessus). On lui donna plus tard le nom de* Colosseum *(Colisée), parce qu'une statue colossable de l'empereur Néron se trouvait à proximité.*

Les courses de chars

« Les courses ne m'intéressent pas. Quand on en a vu une, on les a toutes vues. Je ne comprends pas pourquoi des milliers de gens veulent regarder des chevaux courir et des hommes conduire des chars – qu'attendent-ils pour grandir ? »

Cette opinion de Pline sur les courses de chars n'était certes par celle de tout le monde. Les gens s'écrasaient volontiers dans les cirques de forme oblongue réservés à ce sport populaire. A quoi ressemblait « un jour aux courses » à Rome ? Pour le savoir, remontons le passé...

Cela commence par une cérémonie plutôt sérieuse nommée *pompa,* au cours de laquelle des grands dignitaires, des prêtres et prêtresses précédés de statues des dieux, des musiciens, des danseurs et les conducteurs des chars paradent à travers Rome jusqu'à l'immense *stadium* – le Circus Maximus. Une foule impressionnante y est déjà en place, brandissant des banderolles et poussant des cris d'excitation.

Les spectateurs ont parié sur l'équipe qui gagnera la première course. Il y a quatre équipes – les Rouges, les Bleus, les Verts et les Blancs. Là encore, Pline a son mot à dire :

« Je n'aurais rien à reprocher aux spectateurs s'ils allaient admirer la vitesse des chevaux ou l'habileté des conducteurs de char. Mais ils ne vibrent que pour la couleur des tuniques. Si les conducteurs changeaient de couleur en pleine course, je suis certain que les spectateurs changeraient de camp. »

Les conducteurs alignent leurs chars, généralement tirés par quatre chevaux, dans les cases de départ ou *carceres.* Un personnage officiel agite un chiffon blanc, la *mappa* – et les voilà partis ! Les chevaux bondissent et galopent sous les claquements des fouets, les roues des chars légers crissent sur le sable. Les virages situés à chaque bout de la barrière centrale, ou *spina,* sont les passages les plus dangereux de la course. Les conducteurs les amorcent presque sur une roue afin de gagner quelques précieuses secondes. Cela donne souvent des carambolages – que les Romains appellent « naufrages ». Parfois, un char s'effondre et se brise, son conducteur essaie désespérément de se dégager des rênes pour ne pas être piétiné, et les chevaux continuent seuls sur leur lancée, toujours attelés ensemble...

La course se disputait sur une distance de 6,5 km en tout et comprenait sept tours de piste. Chaque tour était indiqué aux spectateurs par de grands œufs de bois, ou *ova,* dressés sur la barrière centrale. Le vainqueur franchissait finalement une ligne blanche tracée devant la tribune des juges. Sous les clameurs assourdissantes de la foule, il recevait une couronne de vainqueur, et plus tard une bourse d'or. Il pouvait y avoir ainsi 24 courses dans la journée.

Les conducteurs de char célèbres

Certains conducteurs de char étaient traités comme des héros. Les « supporters » d'un conducteur nommé Sorbus emportaient, nous dit-on, des portraits de lui aux courses et les agitaient sur son passage. Les conducteurs célèbres gagnaient beaucoup d'argent. Un certain Dioclès, devenu millionnaire, eut droit à un monument funéraire à Rome, en 146 apr. J.-C. On pouvait y lire :

> « Gaius Appuleius Dioclès, conducteur de l'Étable Rouge, Espagnol de naissance, mort à l'âge de 42 ans 7 mois 23 jours. Il conduisit des chars pendant 24 ans, courut 4 257 fois, remporta 1 462 victoires. Grâce à lui, 9 chevaux furent 100 fois vainqueurs, et un cheval 200 fois. »

Ci-dessous : Cet immense bâtiment nommé Circus Maximus (il mesure 600 mètres de long) commença par être une simple piste de course autour d'un ruisseau. On l'aménagea peu à peu, et au Ier siècle av. J.-C., il recevait 100 000 spectateurs. Il devint ensuite de plus en plus complexe sous le règne de divers empereurs. Auguste y fit bâtir un temple spécial consacré aux dieux qui veillaient sur les courses, et ramena d'Égypte un obélisque pour décorer la spina. *En 64 apr. J.-C., l'empereur Néron fit réaménager le Circus Maximus, qui accueillit désormais 250 000 fanatiques. Mais la sécurité laissait un peu à désirer. Au IIIe siècle apr. J.-C., 13 000 spectateurs périrent un jour sous un effondrement de gradins. Cela n'empêcha pas un nouvel agrandissement du cirque qui, au IVe siècle, pouvait contenir 350 000 personnes.*

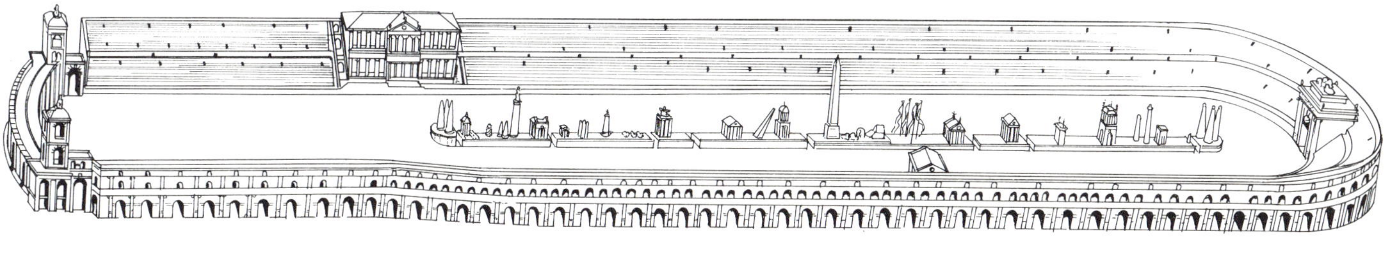

Au théâtre

Les Romains s'inspirèrent des Grecs tant pour leurs pièces de théâtre que pour les bâtiments dans lesquels elles étaient représentées. Les théâtres romains donnèrent d'abord des comédies et des tragédies grecques. Puis on se mit à écrire des pièces romaines. Il existait alors quatre types de pièces.

La *fabula palliata* était une transposition directe d'un sujet grec, avec des acteurs costumés en Grecs. La *fabula atellana* était une grosse farce campagnarde, et comprenait des personnages que tous les spectateurs pouvaient reconnaître – les bouffons *Maccus* et *Bucco,* le sénile vieillard *Pappus,* et l'astucieux bossu *Dossenus.* La *fabula praetexta* était une tragédie basée sur l'histoire romaine, les légendes ou des événements courants. La *fabula togata* était une comédie villageoise.

Les Romains appréciaient également d'autres formes de spectacle. Le *mimus* était un sketche ou une courte pièce bouffonne ponctuée de chants et de danses. Il comprenait comme son nom l'indique force mimiques et imitations de gens et d'animaux. Détail exceptionnel, on permettait aux femmes d'y jouer – alors qu'en général, les rôles féminins étaient tenus par des hommes travestis. Le *mimus* abordait des thèmes plutôt osés – du genre aujourd'hui interdit aux mineurs !

Le *pantomimus* était une pièce essentiellement mimique, avec accompagnement musical. Il avait pour interprète un unique acteur, qui changeait de masque et de costume pour chaque personnage représenté, et qui mimait l'histoire tandis qu'un chœur chantait derrière lui. Le *pantomimus* évoquait de préférence les contes et légendes du passé.

Les acteurs portaient des masques et des costumes permettant au public de reconnaître leurs personnages. La couleur de leurs perruques était aussi un indice – rouge pour les esclaves, noire pour les jeunes gens, blanche pour les vieillards. Les costumes obéissaient à la même règle – les vieillards étaient vêtus de blanc, les jeunes gens de pourpre, et les personnages féminins de jaune. Sur cette mosaïque d'une maison de Pompéi, des acteurs se préparent à jouer une pièce grecque. L'un d'eux enfile son costume avec l'aide d'un assistant (à gauche) ; un autre, assis, tient deux masques ; un troisième s'exerce au pipeau sous l'œil amusé de deux comparses.

Les bâtiments

Les théâtres romains avaient une structure en « D » comme les théâtres grecs. Le public était assis sur des gradins formant demi-cercle autour de la scène. Dans les pièces grecques, le chœur chantait et dansait à l'avant-scène. Cela se pratiquait aussi pour certaines pièces romaines, mais la plupart du temps, l'avant-scène était occupée par des gens riches et importants qui apportaient des sièges pliants pour avoir le privilège d'être plus près de l'action !

La scène elle-même était assez complexe, et quoiqu'on utilisât différents « décors », le mur de pierre du fond pouvait figurer une grande demeure ou un bâtiment public selon l'intrigue de la pièce représentée. Voici ce que nous en dit l'architecte Vitruve :

> « De chaque côté de la scène, il y a des espaces réservés aux décors. On y trouve des machines tournantes à trois côtés que les Grecs appellent *periaktoi,* et qui permettent de montrer différentes toiles de fond au public quand il y a des changements dans la pièce, ou quand

des dieux apparaissent par exemple avec un soudain roulement de tonnerre. »

Il y avait encore toute sorte de dispositifs scéniques appréciés des spectateurs – des trappes, de multiples entrées et sorties, des treuils pour soulever les acteurs dans les airs. Le grand théâtre des deux pages suivantes est celui de Pompéi, conçu pour recevoir plus de 5 000 personnes. On voit qu'il était à ciel ouvert, mais à l'occasion, une immense toile ou *velarium* protégeait l'auditoire du soleil ou de la pluie.

Il existait aussi un genre de petit théâtre couvert appelé *odeon,* et généralement réservé à des spectacles plus intimistes – récitals de poésie ou soirées musicales. Cependant, celui de Lugdunum en Gaule (aujourd'hui Lyon) fut agrandi de façon à pouvoir accueillir 10 500 personnes environ – les concerts devaient y être populaires !

L'empereur Néron adorait s'exhiber sur scène. Après s'être essayé aux courses de chars, il s'était tourné vers l'art dramatique et le chant. Il avait pourtant « une voix grêle et sourde », si l'on en croit l'écrivain Suétone, qui nous a laissé d'amers commentaires sur les talents musicaux de l'empereur :

« Pendant qu'il chantait, il n'était pas permis de sortir du théâtre, même en cas de nécessité. Aussi, paraît-il, des femmes accouchèrent pendant le spectacle, et nombre de personnes, lasses d'écouter, se firent emporter en feignant d'être mortes. »

Une soirée au théâtre

Dans un théâtre romain, on pouvait s'asseoir gratuitement n'importe où – sauf au premier rang. S'il y avait un rideau, on le faisait disparaître dans une fente au-devant de la scène, révélant ainsi le premier décor de la pièce. L'assistance était très bruyante et lançait aux acteurs des encouragements et des insultes – auxquels ceux-ci répondaient parfois du tac au tac ! Mais tout le monde s'amusait beaucoup. Vers le milieu du IVe siècle apr. J.-C., la population de Rome allait voir 100 pièces de théâtre par an !

La pièce dont un extrait vous est donné pages suivantes fut écrite par Plaute au IIe siècle av. J.-C. Il s'agit d'une simple comédie intitulée *La Corde,* qui met en scène le genre de personnages que le public romain appréciait. Un jeune homme, Plesidippus, est amoureux d'une esclave, Palaestra. Naturellement, il ne peut l'épouser. Mais tout s'arrangera, car Palaestra va bientôt découvrir qu'elle n'est pas une esclave, en réalité. Le secret de sa naissance est enfermé dans un coffre trouvé sur le sable par un pêcheur, Gripus. Ce dernier emporte chez lui le coffre, dont dépasse une corde qui traîne. Déterminé à s'emparer de ce coffre, Trachalio, l'esclave de Plesidippus, saisit la corde...

Mais tournez la page et lisez la suite.

Ci-dessus : Un masque de tragédie grecque. Comme les costumes, les masques aidaient le public à identifier les personnages ; ils servaient aussi aux acteurs de caisse de résonnance pour projeter leur voix dans les vastes théâtres.

Trachalio : « Hé, attends !
Gripus : Pourquoi faire ?
Trachalio : Je vais enrouler cette corde pour toi.
Gripus : Oh, laisse tomber !
Trachalio : J'essaie seulement de t'aider – un service en mérite un autre, tu sais !
Gripus : Pas la peine de me demander du poisson, jeune homme ! La mer était mauvaise, je n'ai rien attrapé. Regarde mon filet – vide !
Trachalio : En vérité, je ne veux pas de poisson. Mais une petite conversation m'intéresserait.
Gripus : Je ne sais pas qui tu es – mais cesse de m'embêter.
Trachalio : Hé ! Reste là. Pas si vite.
Gripus : Quoi ?
Trachalio : Ce coffre. Je connais son propriétaire depuis longtemps.
Gripus : Que veux-tu dire ?
Trachalio : Et je sais comment on l'a perdu.
Gripus : Ah, tu sais ça ? Eh bien moi, je sais comment on l'a trouvé, je sais qui l'a trouvé, et je sais à qui il appartient maintenant. Personne ne me le prendra !
Trachalio : Une minute, te dis-je. As-tu déjà vu un pêcheur attraper un coffre ? Vas-y, parle. Un coffre peut-il être un poisson ? Je ne te laisserai rien emporter qui ne soit couvert d'écailles.
Gripus : Comment ? Tu n'as jamais entendu parler du poisson-coffre ?
Trachalio : Ces poissons-là n'existent pas !
Gripus : Oh que si ! Je suis pêcheur, je devrais le savoir. Bien sûr, on en attrape très rarement. Ils n'approchent pas du rivage.
Trachalio : Tu te moques de moi ? De quelle couleur sont ces poissons-coffre ?
Gripus : De toutes les couleurs. Certains sont comme celui-là, mais j'en ai vu des pourpres, et les très gros sont noirs.
Trachalio : Tu parles ! Prends garde que je ne te transforme en poisson-coffre ! Tu serais d'abord pourpre, et ensuite bleu et noir de partout ! »

Nous finirons par apprendre que le coffre appartient à Palaestra ; et que celle-ci est la fille – perdue quand elle était enfant – de Daemones, qui habite près du rivage où le naufrage a eu lieu. Père et fille sont enfin réunis ; elle épouse Plesidippus.

Vie publique et communautaire

La religion

A l'origine, les Romains croyaient que des esprits puissants, les *numina,* dirigeaient leur vie. On pouvait s'attirer leurs bonnes grâces par des offrandes et des prières. Mais en fréquentant d'autres peuples, les Romains adoptèrent d'autres croyances. Ils adorèrent alors divers dieux d'apparence humaine, dont chacun avait ses fonctions particulières. Le plus important était Jupiter, qu'ils désignaient comme « le plus grand et le meilleur des dieux ». Il y avait encore :
Junon : épouse de Jupiter, déesse des femmes.
Mars : dieu de la guerre et des fermiers.
Vulcain : dieu du feu et des métaux.
Saturne : dieu du vin, célébré pendant la fête des Saturnales, du 17 au 23 décembre. Boutiques, services publics et écoles étaient fermés à ce moment-là.
Minerve : déesse de la sagesse, de l'artisanat, de l'industrie et du commerce.
Vénus : déesse de la beauté et de la fécondité.
Mercure : dieu des marchands et messager des autres dieux, avec casque et sandales ailés.
Vesta : déesse de la terre et du feu sacré.
Janus : dieu à deux têtes auquel les Romains attribuaient la création du monde. Son temple à Rome restait ouvert en période de guerre, et fermé en période de paix – c'est-à-dire rarement.

Le Panthéon, « temple dédié à tous les dieux », fut bâti sous le règne de l'empereur Hadrien, entre 118 et 125 apr. J.-C. Bien qu'ayant survécu sous cette forme, le bâtiment est devenu église chrétienne en 609 apr. J.-C.

Au fur et à mesure que l'Empire s'étendait, d'autres dieux et déesses furent vénérés à Rome. La déesse égyptienne Isis, par exemple, y connut une grande popularité. Car les Romains savaient s'adapter aux convictions religieuses de leurs lointaines provinces. On peut dire qu'ils étaient assez tolérants dans ce domaine – jusqu'à un certain point. Mais ils se méfiaient de toute religion qui aurait menacé l'État lui-même et son autorité. C'est pourquoi ils s'efforcèrent d'éliminer, par des lois d'abord, puis par la persécution et même la guerre, les juifs et les chrétiens. Ils ne pouvaient davantage accepter les druides de Gaule et de Bretagne.

Une déesse romaine d'origine celte

Un culte illustrant bien la tolérance des Romains en matière de religion naquit en Bretagne, à Bath – ville qu'ils appelaient *Aquae Sulis.* Le nom signifie littéralement « Eaux de la déesse du

L'empereur Marc Aurèle offrant un sacrifice aux dieux, IIe siècle apr. J.-C. Marc Aurèle avait été consacré prêtre du dieu Mars dès l'âge de huit ans.

Ce cerf de bronze ne mesure que 44 mm de haut. Il a été trouvé dans un temple, près de la ville romaine de Camulodunum (aujourd'hui Colchester) en Bretagne.

mus, ou grand pontife, le faisait au nom de l'État romain. Ce grand pontife n'était souvent autre que l'empereur lui-même.

On sacrifiait parfois des animaux aux dieux, mais les offrandes consistaient la plupart du temps en fruits, fromage et gâteaux au miel. On pouvait également répandre en leur honneur du miel ou du vin – ce qui s'appelait une libation.

Le christianisme

Les chrétiens du monde romain pratiquaient leur religion en secret, à cause des persécutions. N'ayant pas le droit d'enterrer leurs morts dans les cimetières de Rome, ils utilisaient les catacombes – un extraordinaire enchevêtrement de tombes souterraines que l'on visite encore aujourd'hui. Après des siècles de persécution, le christianisme fut reconnu comme la religion officielle de Rome par un décret de l'empereur Constantin Ier en 312 apr. J.-C. Naturellement, cela n'empêcha pas bon nombre de Romains de continuer à vénérer leurs anciens dieux.

soleil, Sul ». Sul était une déesse vénérée par les habitants de la région de Bath. Après la conquête romaine, un temple magnifique fut construit en l'honneur d'une nouvelle déesse nommée Sulis Minerva – une combinaison entre la Celte Sul et la Romaine Minerve.

Les empereurs aussi étaient des dieux

Parmi les dieux de l'Empire figuraient les empereurs eux-mêmes. On les « déifiait » parfois même avant leur mort – mais on leur élevait généralement des temples en dehors de Rome.

Les Romains adoraient aussi divers dieux secondaires. Chaque maison avait un autel consacré aux « dieux du foyer ». Le chef de famille leur présentait des offrandes au nom de toute la maisonnée.

Il n'existait pas de services religieux réguliers, comme cela se pratique dans certaines religions aujourd'hui. On célébrait plutôt les dieux par des processions, à l'occasion de fêtes spéciales. Mais on pouvait leur adresser des prières et leur offrir des cadeaux à n'importe quel moment. Le prêtre ou la prêtresse présentait ces cadeaux au nom des fidèles, tout comme le *Pontifex Maxi-*

L'inscription est la suivante :
« Au dieu Sylvanus, Roi des Bois. Cintusmus le chaudronnier s'acquitte de sa dette de bon cœur et avec joie. »
Cette inscription de 80 mm de large a été trouvée dans le même temple que le cerf ci-dessus. Les deux objets sont datés du IIe siècle apr. J.-C. Il était habituel, pour les fidèles d'un dieu particulier, de déposer ce genre d'offrande dans un temple en guise de remerciement quand un de leur vœux avait été exaucé. Mais le vœu en question est rarement mentionné. Il se peut que cerf et inscription aillent de pair, et que Cintusmus ait demandé au « Roi des Bois » de lui faire tuer un beau cerf à la chasse.

Les cérémonies

Le mariage

« Cher Junius Mauricus, tu me demandes de trouver un mari pour ta nièce. Minicius Acilianus est celui qu'il te faut. C'est un gentilhomme au teint frais, il est beau, il a tout d'un sénateur. »

Cet extrait d'une lettre de Pline à un ami montre que dans le monde romain, les mariages étaient en général arrangés d'avance, comme ils le sont encore de nos jours dans certains pays.

On fiançait les futurs époux dès l'adolescence, au cours d'une cérémonie nommée *sponsalia.* A cette occasion, le jeune homme offrait à sa promise divers cadeaux comprenant souvent une bague ; puis on signait un contrat, et le tout se terminait par un baiser.

Venait ensuite le choix de la date du mariage. Les Romains étaient superstitieux là-dessus. Selon eux, certaines périodes de fête portaient malheur – notamment la fête des morts, ou *Parentalia,* qui avait lieu entre le 18 et le 21 février. La fin du mois de juin leur semblait la meilleure époque de l'année pour se marier.

La cérémonie

Il existait plusieurs cérémonies de mariage. La plus complexe s'appelait *confarreatio* et se déroulait dans la maison de la future épouse. Celle-ci portait une tunique d'un blanc immaculé, et un voile couleur de feu sur la tête. On sacrifiait généralement un cochon pour interpréter l'avenir en examinant ses entrailles. Ensuite, la jeune fille prononçait les mots *« Ubi tu Gaius, ego Gaia »,* ce qui signifiait « Quelle que soit ta famille, c'est à présent la mienne. » Tout les invités s'écriaient alors « Bonne chance ! », et le mariage était conclu.

L'époux emmenait sa femme chez lui et la soulevait dans ses bras pour franchir le seuil – afin de lui éviter de trébucher, ce qui aurait été interprété comme un très mauvais présage.

Mort et funérailles

« J'ai traversé bien des pays et bien des mers. J'arrive à l'occasion de ces tristes offrandes en ton honneur, mon défunt frère... pour parler à tes cendres silencieuses... Mais à quoi bon ? Salut et adieu à jamais, cher frère... »

Ces lignes sont extraites d'un poème de Catulle. Si les Romains éprouvaient tout comme nous du chagrin à la disparition de leurs proches, ils le montraient certes davantage. Ils ne se contentaient pas de pleurer, mais se frappaient la poitrine, déchiraient leurs vêtements, et se promenaient échevelés. Certaines personnes payaient même des pleureurs et pleureuses professionnels pour accomplir ce devoir à leur place.

On allongeait le défunt sur un lit aux quatre coins duquel flambaient des torches. Souvent, on faisait brûler dans la pièce des branches et des

Le mariage est scellé, les époux se prennent la main. A droite, des invitées tiennent des friandises et gâteaux au sésame traditionnels. On s'apprête à jeter des noix aux enfants.

pommes de pin – peut-être pour atténuer l'odeur du cadavre, qu'on veillait parfois une semaine entière chez les gens aisés ! Seuls les pauvres enterraient leurs morts le lendemain du décès.

Si le défunt était fortuné, on l'emmenait en procession sur la place publique, où l'on prononçait à son intention un discours flatteur, ou *laudatio*.

Vous voyez ci-dessous une procession de ce genre. Des trompettes devançaient la civière portée par des esclaves. Venaient ensuite les pleureurs et pleureuses professionnels, puis des acteurs personnifiant les proches parents du défunt, et enfin ces proches parents eux-mêmes.

Les corps étaient quelquefois incinérés, et leurs cendres rassemblées dans des urnes. Mais l'enterrement prit le pas sur la crémation au IIe siècle apr. J.-C. La loi exigeait cependant d'enterrer les morts hors de l'enceinte des villes, dans des cimetières longeant souvent les routes. Les pauvres gens ne pouvaient espérer qu'un minuscule lopin de terre dans un cimetière surpeuplé. Mais avec de l'argent, on pouvait s'offrir une stèle comme celle de la page 66 ; et si l'on était très riche, un vaste caveau nommé *columbarium* dans lequel serait enterrée toute la famille – y compris les esclaves.

Les Romains croyaient que leurs chers disparus rejoignaient dans l'autre monde les dieux des morts – les *Manes*. On présentait des offrandes à ces dieux en versant du vin près de la tombe, ou en y déposant de la nourriture – d'abord neuf jours après l'enterrement, puis à l'occasion de certaines fêtes à divers moments de l'année.

La vie quotidienne

La famille

« Pompeius Catussa, plâtrier, a élevé cette stèle pour sa femme Blandinia Martiola, qui n'avait aucun défaut et fut très bonne pour lui. Que celui qui lit ces mots aille se baigner aux Thermes d'Apollon, comme je le faisais avec ma femme. Je voudrais pouvoir encore le faire. » *Sur une pierre tombale trouvée à Lugdunum (aujourd'hui Lyon), en Gaule.*

Les Romains attribuaient une grande importance au mariage et à la famille. Leurs écrits et leurs gravures sur pierre nous restituent beaucoup de joyeuses scènes familiales.

Mais la famille romaine n'était pas tout à fait comparable à la nôtre, comme en témoigne cette phrase de l'écrivain Valerius Maximus : « Quintus Antistus Vetus a répudié son épouse parce qu'il l'a surprise en train de parler dans la rue avec quelques femmes communes, d'anciennes esclaves libérées. » On voit que la société romaine accordait à l'homme une place privilégiée, et beaucoup plus d'autorité qu'à la femme. Cette autorité lui venait en partie des lois, en partie de la tradition. Légalement, l'homme exerçait un pouvoir absolu sur la *familia* – mot qui n'englobait pas seulement le père, la mère et les enfants, mais toutes les personnes et les biens réunis dans le même foyer. Le chef de famille possédait donc tout ce qui se trouvait sous son toit – femme, enfants, esclaves et meubles.

Il jouait du reste le rôle de prêtre familial, et c'était lui qui présentait les offrandes aux dieux du foyer. Les femmes, quant à elles, n'avaient pas le droit de prendre part à la vie publique, et encore moins celui de voter.

Les droits des femmes ?

Peu a peu, cependant, les femmes commencèrent à s'émanciper. Il y eut par exemple un contrat de mariage particulier nommé *usus,* selon lequel une épouse pouvait éviter d'être soumise à l'autorité complète de son époux. Naturellement, une femme avait elle-même quelque autorité au sein de la famille en tant que mère, et c'était à

Cette pierre tombale d'une certaine Julia Velva a été trouvée à Eboracum (aujourd'hui York). La scène représente le banquet des funérailles de Julia. Installée sur sa couche, celle-ci lève son verre devant une petite table à trois pieds chargée de victuailles. L'inscription nous dit que l'homme à droite s'appelle Aurelius Mercurialis. Julia lui a légué ses biens. C'est probablement l'époux de sa fille, assise à gauche. L'enfant doit être quant à lui le petit-fils de Julia. Les pierres tombales nous renseignent utilement. Notez les différents meubles (une table, deux sortes de siège, un canapé), les vêtements (Aurelius porte des bottes, un manteau et une tunique à manches longues), les coiffures (les femmes ont les cheveux séparés au milieu et ramenés en bandeaux sur les oreilles). Les deux lettres D M en haut de l'inscription signifient DIS MANIBUS, c'est-à-dire « aux dieux des morts ».

elle qu'il revenait de régler tous les problèmes d'ordre domestique. Elle veillait à l'achat de la nourriture et autres denrées essentielles (voyez par exemple l'illustration représentant la femme chez le boucher, page 78). Les femmes aisées, entourées d'esclaves, pouvaient aussi aller aux jeux, au théâtre, aux bains, au temple, ou prendre part à de processions religieuses. Mais dans les familles pauvres, elles n'avaient d'autre choix que de rester à la maison.

Une femme se fait coiffer par trois de ses esclaves. L'une d'elles est en train de rassembler ses cheveux pour en former un chignon. L'autre tient un flacon, peut-être de parfum. La troisième tend un miroir de bronze poli. Ce dessin est la reproduction d'un bas-relief trouvé en Allemagne (la province romaine de Germanie), exécuté au IIIe siècle apr. J.-C.

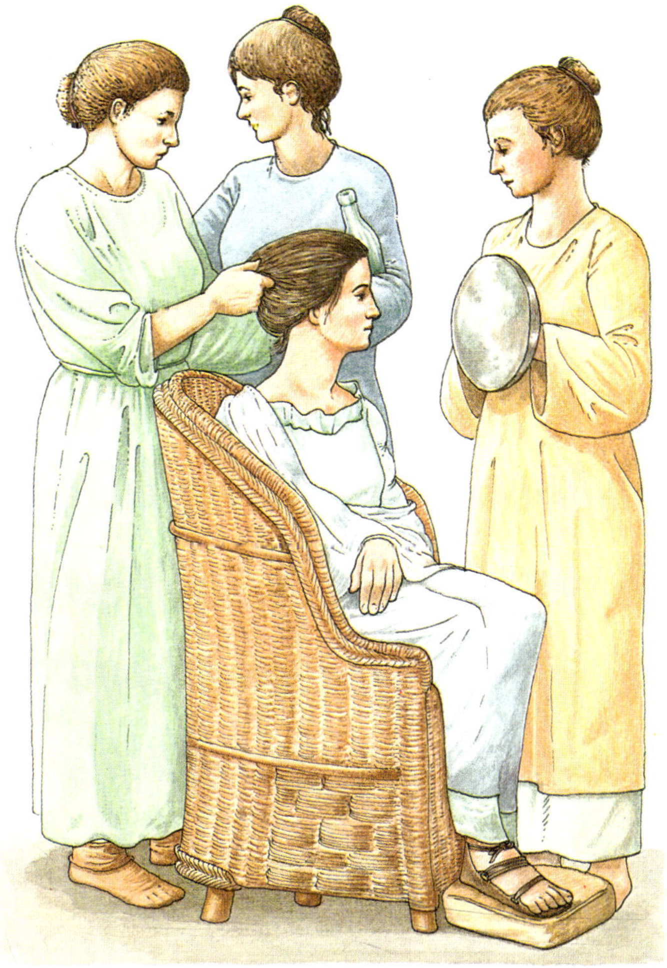

Les enfants

Dans une lettre envoyée d'Égypte en l'an 1 av. J.-C., un soldat écrivait à sa femme : « Si tu donnes naissance à un garçon, garde-le. Si c'est une fille, débarrasse-t-en. Ne t'inquiètes pas. Dès que nous seront payés, je t'enverrai de l'argent. » Il semble extraordinaire que des parents aient eu le droit de laisser mourir un nouveau-né en l'abandonnant. Pourtant, malgré les allocations versées aux pauvres par divers empereurs, certaines familles n'avaient pas les moyens d'élever leurs enfants. Dans la société romaine, un garçon était jugé plus utile qu'une fille. Il pourrait prendre part à la vie publique, s'engager dans l'armée, et les lois le protégeraient.

Les filles commençaient par aller à l'école primaire comme les garçons – mais dans les familles aisées, elles terminaient généralement leur éducation à la maison. En se mariant, une fille dédiait ses jouets aux dieux du foyer. Un garçon passait à seize ans par une cérémonie spéciale au cours de laquelle il abandonnait sa *bulla* (l'amulette qu'il portait autour du cou depuis la naissance) et sa *toga praetexta* (une toge bordée de pourpre). Il devenait alors un homme et pouvait revêtir la *toga virilis,* ou simple toge blanche des citoyens romains.

Les esclaves

La maîtresse de maison avait la responsabilité des enfants et des esclaves – lesquels n'étaient pas payés pour leur travail. Les esclaves devaient veiller au confort du foyer. La plupart d'entre eux étaient probablement bien traités, mais comme nos « gens de maison » des XVIIIe et XIXe siècles, il leur fallait s'adapter aux sautes d'humeur de leurs maîtres. L'écrivain Juvénal observe : « Si la maîtresse de maison est d'humeur massacrante parce qu'une boucle de sa coiffure va de travers, l'esclave qui l'a coiffée se fera tirer les cheveux, aura sa tunique déchirée et sera battue à l'aide d'une sangle. »

Mais les esclaves recevaient aussi leurs récompenses. Le maître leur distribuait parfois de « l'argent de poche ». Il pouvait même leur accorder la liberté – ce qu'il précisait sur son testament. Un esclave libéré devenait un *libertus* (*liberta* pour une femme). Il n'avait pas les mêmes droits que les autres citoyens, mais ses enfants devenaient des citoyens à part entière.

Jouets et jeux

Savez-vous que les enfants romains s'amusaient avec le même genre de jouets que les enfants d'aujourd'hui ? On donnait par exemple aux bébés un petit animal creux, cochon ou autre, avec une clochette à l'intérieur. On a également retrouvé dans des fouilles des miniatures de charrettes attelées à des chevaux.

Nous savons que les Romains avaient des animaux domestiques. Les chiens étaient très populaires, et apparaissent souvent sur leurs pierres tombales, mosaïques et peintures. On aimait aussi les chats, et il n'était pas rare de faire exécuter des petites reproductions d'animaux (comme le chien et la souris en page de droite). Ci-dessous, vous voyez une série de figurines en terre cuite découvertes dans une tombe d'enfant à Colchester. Ces personnages servaient probablement à simuler une scène de dîner (voir page 74). Ceux qui sont au premier plan semblent à demi allongés, comme sur des couches. Que regardent-ils ? la réponse vous est donnée par ceux qui se trouvent derrière eux. Certains lisent des rouleaux manuscrits, et celui du centre a l'air de parler. Ils divertissent sans doute les hôtes du dîner en leur lisant les textes d'un auteur célèbre, ou en leur récitant des poèmes.

Dés, pions et damiers

Enfants et adultes aimaient jouer aux dés, ainsi qu'à divers jeux impliquant l'utilisation de pions ou de jetons. Aux dés, on désignait par le mot *Venus* (la déesse) le score le plus élevé, soit quatre fois six ; et par *canis* (chien) le score le plus bas.

« J'ai pas mal gagné aux dés, et sans tricher ! » Quelqu'un a inscrit ces mots sur le mur d'un établissement de bains de Pompéi. Ci-dessus : Damier, pions, dé et gobelet trouvés dans le fort romain de Vindolanda, près du mur d'Hadrien.

Il existait aussi un jeu d'osselets, ou *astragalus ;* un jeu semblable à notre jeu de jaquet, qu'on appelait « Douze Lignes » ; et un autre, « Voleurs », qui utilisait des pions de différente valeur, et où il fallait s'efforcer de prendre les pions de l'adversaire. « Voleurs » était le jeu préféré des soldats, qui l'introduisirent aux confins de l'Empire.

Pour les plus énergiques, il y avait des exercices de plein air comme la boxe ou l'escrime. Les jeux de balle ou de ballon étaient également très prisés. L'un d'eux, que pratiquaient aussi les Grecs, ressemblait au hockey. Un autre, *trigon,* mettait en place trois joueurs disposés en triangle, qui échangeaient vivement de dures balles de cuir. Il y en avait encore un nommé *harpastum,* où l'on essayait d'arracher un lourd ballon à l'adversaire – un peu comme au rugby.

L'école

« Dès que son fils fut assez grand, Caton lui apprit à lire – bien qu'il eût un bon esclave nommé Chilo, lequel était instituteur et faisait la classe à d'autres petits garçons. Caton enseigna donc lui-même à son fils la lecture et l'écriture, les lois, la gymnastique, comment lancer le javelot, se battre en armure, monter à cheval, boxer, nager, et supporter le froid et la chaleur. »

Plutarque.

Deux petites figurines de bronze servant sans doute de jouets. La souris a été trouvée dans une tombe à York, le chien près du mur d'Hadrien.

Caton était un célèbre écrivain et politicien né en 234 av. J.-C. Mais contrairement à lui, la plupart des Romains préféraient demander à un esclave instruit de commencer l'éducation de leurs enfants. En général, on envoyait ceux-ci à l'école à l'âge de sept ans. Le maître d'école, ou *magister ludi,* ne prenait qu'un petit nombre d'élèves payants. Les leçons commençaient à l'aube et finissaient en début d'après-midi. Souvent, les maîtres étaient très sévères et battaient leurs élèves à l'aide d'une verge quand ces derniers n'apprenaient pas leurs leçons.

L'illustration ci-dessous vous montre quelques garçons à l'école. Certains ont sur les genoux, comme leur maître, un rouleau couvert d'inscriptions. Ce rouleaux de papyrus étaient l'équivalent de nos livres de classe.

Deux des garçons sont munis d'une tablette. Les tablettes étaient des planchettes de bois enduites de cire. On y inscrivait des lettres à l'aide d'un *stylus* – une pointe de métal ou d'os. Mais on pouvait les effacer en grattant, et recommencer à écrire.

L'enseignement secondaire

Après cinq ans d'enseignement primaire, les enfants étaient envoyés dans une école secondaire où un maître appelé *grammaticus* leur apprenait la littérature grecque et latine, l'histoire, l'arithmétique, la géométrie et l'astronomie. Certains élèves partaient ensuite compléter leur instruction au-delà des mers. La Grèce était réputée pour son enseignement de type universitaire prodigué par de grands maîtres.

Les vêtements et la mode

Nous avons beaucoup de témoignages sur l'apparence des Romains, leur façon de s'habiller, les bijoux qu'ils aimaient. Leurs statues, portraits et pierres tombales nous donnent maints détails sur leurs coiffures, leurs vêtements. Il se peut même qu'à travers ce livre, vous rencontriez des silhouettes et des visages qu'il vous semblera reconnaître.

Les vêtements
Comme nous, les Romains portaient des sous-vêtements. Les hommes se ceignaient les reins d'un genre de pagne, le *subligaculum.* Les femmes soutenaient leur poitrine par une bande d'étoffe nommée *strophium.* Dans les régions froides de l'Empire, les hommes enfilaient parfois des pantalons moulants, les *bracae.* Hommes, femmes et enfants portaient des tuniques sur leurs sous-vêtements. Les femmes portaient souvent deux tuniques superposées. Celle du dessus, ou *stola,* était généralement retenue au niveau de la taille et du buste par deux fines ceintures. Quoique la forme de la stola féminine n'ait presque pas changé pendant toute la période romaine, certaines étoffes et couleurs furent à la mode à différentes époques. Tuniques et stolas pouvaient adopter toute sorte de nuances – blanche, noire, jaune, verte, bleue, rouge, pourpre.

La toge
Le vêtement que l'homme de notre illustration (à gauche) porte par dessus sa tunique s'appelait toga. La toge était le symbole de la citoyenneté romaine, et tout le monde n'y avait pas droit. Elle consistait en une vaste pièce d'étoffe extrêmement confortable. Notre dessin au bas de la page de droite vous montre comment on revêtait cette toge. Hommes, femmes et enfants se chaussaient de sandales de cuir de style varié.

A gauche : Vêtements typiques d'un couple de romains aisés. Ci-dessous : Les bijoux – broches, bagues, colliers, boucles d'oreilles – étaient très appréciés. Les gens les enfermaient dans des coffrets de bois, avec d'autres objets de valeur. Ici, une épingle à cheveux ouvragée et une clé montée sur bague – un excellent moyen de ne pas la perdre !

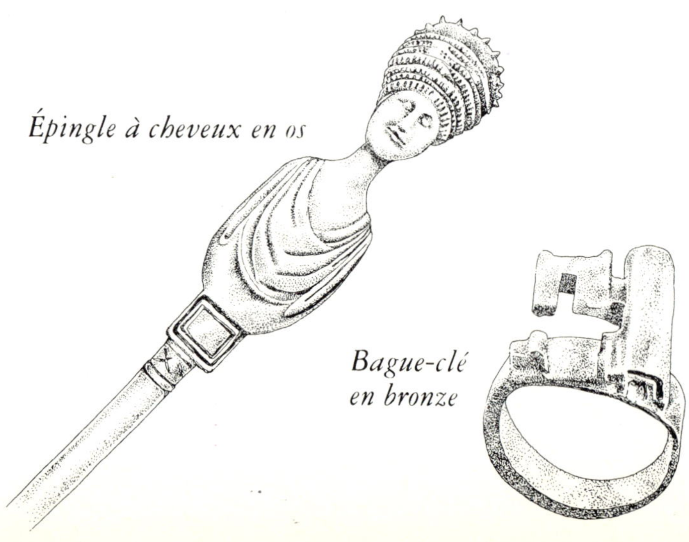

La palla

Pour sortir, les femmes s'enveloppaient d'un ample vêtement nommé *palla.* C'était en fait un très grand châle rectangulaire qui dissimulait entièrement leur corps, et qu'elles se ramenaient sur la tête. Hommes et femmes portaient divers manteaux – parfois avec capuche – attachés ou agrafés par une broche autour du cou. Par temps froid, on mettait des chaussettes de laine ou des bas d'étoffe.

Coiffures et soins de beauté

Les Romains attachaient beaucoup d'importance à leur aspect. La plupart des hommes se rasaient de près – du moins jusqu'au IIe siècle apr. J.-C., époque où la barbe devint populaire. Les coiffures féminines pouvaient être très simples, comme dans notre portrait ci-contre ; mais il y en avait de très recherchées, auxquelles il fallait consacrer beaucoup de temps. Parfois, la chevelure était maintenue en place par un mince filet appelé *reticulum,* et de longues épingles. Les femmes se teignaient les cheveux – le blond et le roux étaient leurs couleurs favorites. On fabriquait aussi des perruques avec des cheveux d'esclaves blondes et brunes.

Les femmes se maquillaient – elles utilisaient de la craie pour leur teint, de l'ocre pour leurs lèvres et leurs joues, et parfois de la cendre pour ombrer leurs paupières. On a retrouvé dans des fouilles divers « nécessaires à maquillage ».

A droite : La toga *consistait en une seule pièce de tissu – lainage, lin ou même soie quand on pouvait se l'offrir. Elle était de forme semi-circulaire (1), et de largeur approximativement égale à trois fois la taille de celui qui la portait. On passait d'abord un pan par-dessus l'épaule gauche (2). On passait ensuite l'autre pan sous le bras droit (3), et on le ramenait sur l'épaule gauche où on pouvait le fixer avec une broche.*

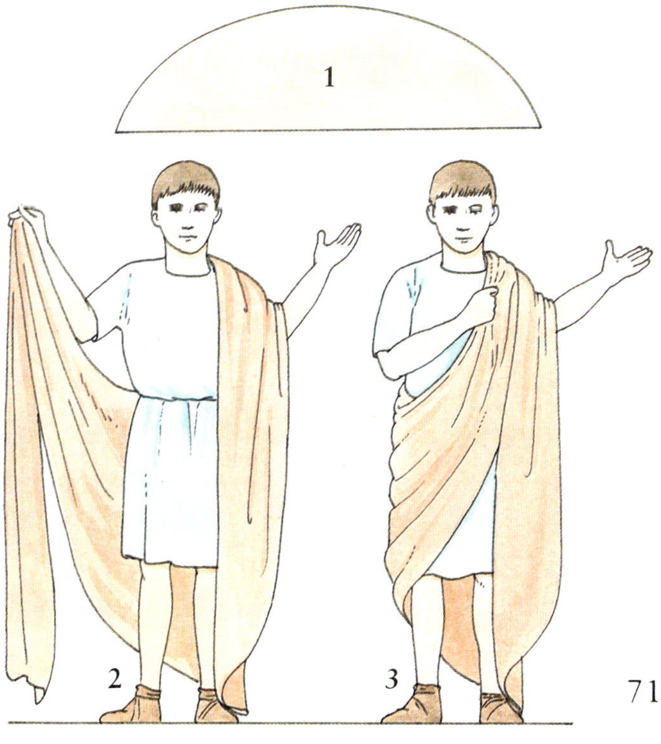

Une demeure romaine

Les maisons

Les gens aisés étaient bien entendu les mieux logés. En ville, un homme riche pouvait abriter sa famille et ses esclaves dans une maison de vingt à trente pièces. Les Romains voulant avant tout protéger leur intimité, leurs demeures avaient rarement des fenêtres ouvrant sur l'extérieur, du moins au rez-de-chaussée – ce qui évitait aussi les cambriolages. L'entrée se trouvait en général au fond d'un petit couloir. Dans celle de la maison de Pompéi reproduite ci-dessous, dite « Maison du Poète tragique », les visiteurs étaient accueillis par une mosaïque représentant un chien méchant (voir page 83). A défaut de chien, il y avait souvent un portier chargé d'éloigner les importuns. Le propriétaire louait parfois à des boutiquiers les pièces du rez-de-chaussée donnant sur la rue, comme ici.

A l'intérieur

Après s'être annoncé au portier, on pénétrait dans l'*atrium* – l'entrée proprement dite. C'était une pièce haute de deux étages, au plafond percé d'une grande ouverture carrée. Cette ouverture permettait à la lumière du jour d'éclairer chambres et salons. Mais par où passait la lumière pouvait aussi passer la pluie ; c'est pourquoi, immédiatement au-dessous, se trouvait un bassin ornemental nommé *impluvium.* Sur le plan de notre maison, vous pouvez constater que la famille et les esclaves disposaient de deux escaliers séparés, celui des esclaves étant plus étroit que l'autre – comme dans nos grandes demeures avec escalier de service au siècle dernier.

Ci-dessous : Cette maison de Pompéi fut baptisée « Maison du Poète Tragique » par les archéologues qui la découvrirent, parce que ses peintures murales et ses mosaïques montraient des scènes de tragédies jouées au théâtre. La mosaïque de la page 58 décorait son grand salon.

LÉGENDE

1 Couloir d'entrée
2 Boutiques
3 Escalier familial
4 Escalier des esclaves
5 Atrium
6 Impluvium
7 Chambres
8 Antichambres
9 Salon
10 Couloir
11 Petit salon
12 Jardin enclos
13 Cuisine
14 Salle à manger
15 Porte de derrière

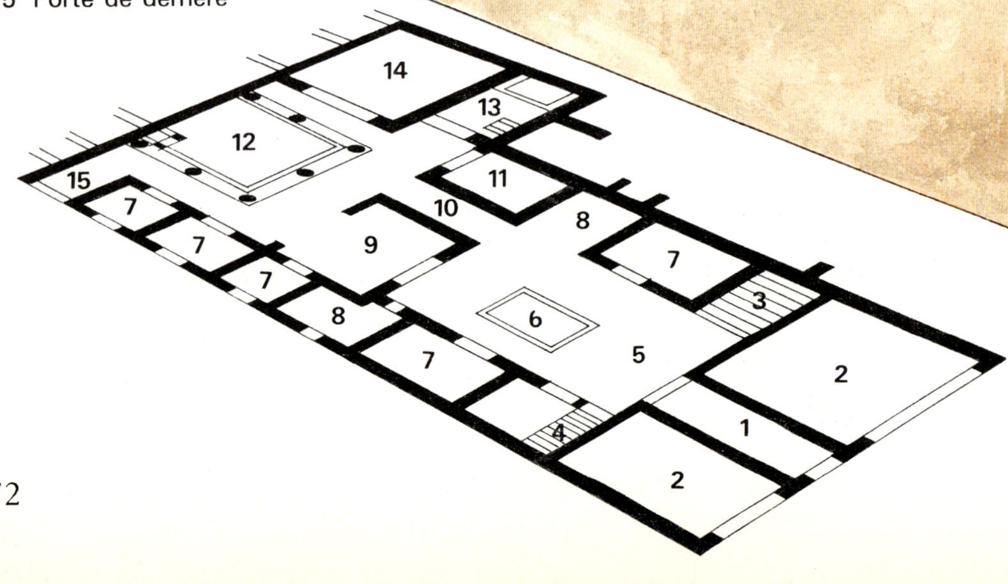

La pièce la plus importante de la maison était le grand salon, ou *tablinum*. Celui-ci donnait à la fois sur l'entrée et sur le jardin, mais pouvait en être isolé par des portes coulissantes ou un simple rideau. Un couloir permettait aux esclaves de se rendre directement dans le jardin ou la cuisine, sans déranger les maîtres s'ils étaient installés dans le salon.

Immeubles d'Ostie, le port de Rome, avec boutiques au rez-de-chaussée. Certains locataires étaient probablement les boutiquiers eux-mêmes.

Jardin, salle à manger, cuisine

Le jardin photographié ci-dessous est celui de la maison de Pompéi dite « Maison des Frères Vetii ». Il est entouré d'une galerie à colonnes, ou péristyle. Dans un coin, près de la porte de derrière, se trouvait le petit autel consacré aux dieux du foyer appelé *lararium*. La salle à manger, ou *triclinium*, ouvrait sur l'aile droite du jardin ; on pouvait ainsi contempler et respirer les buissons de fleurs tout en prenant ses repas. Juste à côté de la salle à manger, il y avait la cuisine – *culina*.

Les immeubles

> « Nous vivons dans une ville soutenus par de minces béquilles – c'est ainsi que les propriétaires empêchent les maisons de s'écrouler. »
>
> *Juvénal.*

L'écrivain Juvénal se plaint ici des bâtiments délabrés dans lesquels les pauvres étaient obligés de se loger. A Rome, ces pâtés d'immeubles – comportant un certain nombre d'appartements et de pièces vides à louer – atteignaient cinq ou six étages de haut. Mais à Pompéi ou Ostie, où la surface ne manquait pas, ils dépassaient rarement deux étages. A Ostie, on construisait de solides immeubles de briques (ci-dessus). A Rome, ils étaient en bois et en plâtre – en cas d'incendie, ils brûlaient comme des torches.

Ce jardin de Pompéi, avec ses buissons fleuris et ses herbes aromatiques, était celui de la « Maison des Frères Vetii », de riches marchands. Une galerie à colonnes en faisait le tour, permettant une agréable promenade. Cette galerie donnait sur les chambres à coucher et un triclinium, *ou salle à manger. La maison avait d'ailleurs plusieurs salles à manger disposées de façon à capter la lumière aux différentes époques de l'année. Ce jardin est aujourd'hui replanté et entretenu comme à l'origine. On y trouvait aussi plusieurs fontaines – toutes reliées à une réserve d'eau par des tuyaux de plomb souterrains.*

La cuisine

Les Romains mangeaient généralement trois repas par jour. Leur petit déjeuner, *jentaculum,* se composait de pain et de fruits. A midi, ils avalaient un repas léger, ou *prandium,* qui pouvait comprendre viande froide ou poisson, légumes et pain. Le principal repas du jour, la *cena,* commençait vers 4 heures de l'après-midi et se poursuivait parfois jusqu'au soir.

Ce repas se divisait en trois services. Le premier, *gustatio,* consistait en une série de hors-d'œuvre. Les huîtres étaient très prisées, tout comme les escargots – que l'on engraissait au lait. Avec ce *gustatio,* on servait un mélange de vin et de miel appelé *musclum.*

Le service principal, *prima mensa,* voyait arriver sur la table des viandes ou volailles rôties ou bouillies, des saucisses ou un simple ragoût. Parfois, il se teintait d'exotisme – on mangeait de l'autruche bouillie ! On l'accompagnait de vin ordinaire, souvent coupé d'eau. Le repas se terminait enfin par le dernier service, *secunda mensa,* assortiment de fruits et de friandises.

Bien entendu, toutes les familles romaines n'avaient pas une alimentation aussi variée. Les gens riches pouvaient facilement se procurer des denrées d'une grande diversité ; mais le menu des gens pauvres était beaucoup plus simple et comprenait peu de viande ou de poisson. Leur nourriture se composait surtout de pain, de ragoûts de légumes, et d'une sorte de gruau à base d'orge et de blé.

Ci-dessous : La salle à manger romaine s'appelait triclinium, *nom provenant de la façon dont elle était généralement aménagée – trois couches formant trois côtés d'un carré. Les dîneurs, à demi allongés, se servaient sur des tables basses garnies de nourriture par les esclaves. En haut de la page, un aperçu de la cuisine avec ses divers ustensiles. Dans toute cuisine, il y avait un* mortarium, *ou mortier, pour piler les épices.*

Les aromates

En découvrant les recettes qui suivent, vous constaterez que les Romains aimaient beaucoup « relever » leur nourriture. Ils faisaient pousser eux-mêmes des plantes aromatiques telles que coriandre, origan, menthe, thym, fenouil et sauge, et ils importaient leurs épices d'Orient. Ils appréciaient le poivre, mais aussi la noix de muscade, les clous de girofle et le gingembre, par exemple. Les cuisiniers romains avaient souvent recours à une sauce toute prête nommée *liquamen* – dérivée d'une mixture de poisson et entrailles de poisson entreposée au soleil. Beaucoup de plats romains nous sembleraient trop épicés, mais c'était sans doute une excellente façon d'accommoder des denrées pas toujours fraîches, ou d'atténuer le goût communiqué à la nourriture par leurs récipients de métal.

Un livre de cuisine romain

Les recettes suivantes sont extraites du livre de cuisine de Marcus Apicius, écrit au Ier siècle apr. J.-C. Vous aurez peut-être envie de les essayer (mais pas le loir, par pitié !) Dans tous les cas, surveillez le miel de près, car il brûle facilement à la cuisson.

Loir farci

Les Romains adoraient les loirs – pour les manger – et jugeaient leur chair d'une grande délicatesse. On gavait de noix ces animaux emprisonnés dans des pots d'argile avec trous d'aération.

« Farcissez le loir avec un mélange comprenant du porc haché et la chair d'un loir entier également hachée, du poivre, des pignes de pin, de la férule persique et du liquamen. Recousez le loir et faites-le rôtir au four sur une brique. »

Choux et poireaux

« Disposez les choux bouillis dans un récipient peu profond, assaisonnez de liquamen, huile, vin et cumin. Ajoutez les poireaux, du poivre, des graines de carvi et de la coriandre fraîche. »

Ce plat pouvait se manger soit cuit au four, soit froid – comme une salade – en accompagnement d'un plat de viande.

Friandises maison

« Dattes fourrées : Dénoyautez les dattes et fourrez-les de noix ou pignes de pin. Roulez-les dans le sel, faites frire dans du miel et servez. »

« Pain au miel : Otez la croûte d'une miche de pain et rompez la mie en gros morceaux. Trempez les morceaux dans du lait, faites-les frire à l'huile, arrosez de miel et servez. »

« Douceurs : Faites cuire une livre de la meilleure farine dans du lait bouillant jusqu'à former une pâte épaisse. Étalez cette pâte et découpez-la en morceaux, que vous ferez frire dans l'huile la plus pure. Otez les morceaux de la friture, arrosez de miel, parsemez de poivre et servez. »

Dans la rue

Les quartiers où se trouvaient les boutiques et les ateliers étaient surpeuplés. Dans quatre quartiers de Rome dont on conserve les annales, il y avait trente immeubles pour une seule maison particulière. Plusieurs écrivains se plaignaient du bruit. Juvénal écrit :

« Comment dormir quand on habite ici ? Seuls les riches le peuvent. Le tintamarre des charrettes le long des rues étroites et le langage des conducteurs quand ils sont bloqués par la circulation réveilleraient même celui qui dort comme une souche. »

Tout ce bruit venait d'une loi interdisant aux charrettes de circuler en ville dans la journée – à l'exception de celles qui transportaient des matériaux de construction, car il y avait toujours un secteur en plein développement quelque part, surtout à Rome. Malgré cette loi sur la circulation, une activité intense régnait dans les rues dès les premières lueurs du jour. Juvénal dit encore :

« Aussi pressé que l'on soit, il y a toujours une foule immense qui vous bascule par devant et vous pousse par derrière. Quelqu'un vous donne un coup de coude dans les côtes ; quelqu'un d'autre vous heurte avec une perche, ou la poutre d'une maison en construction, ou un tonneau de vin. Les rues sont dégoûtantes ; vous avez les jambes maculées de boues, on

trébuche sur vos pieds, la botte cloutée d'un soldat vous écrase le gros orteil. Les toges à peine reprisées sont de nouveau déchirées. Un énorme tronc de sapin oscille sur un chariot, il avance en chancelant au-dessus des têtes. »

Chez le boulanger

Le pain constituant l'élément principal de l'alimentation des Romains, il y avait beaucoup de boulangeries dans leurs villes. Nous avons reproduit ci-dessous l'une de celles de Pompéi. Dans une boulangerie, ou *pistrinum,* on passait par toutes les étapes de la fabrication du pain. Vous pouvez voir à droite les grandes meules en pierre volcanique dure qui servaient à transformer le blé en farine. Ces meules étaient actionnées par des esclaves, des ânes ou des bœufs. Au fond de la boutique, la farine devenait pâte à pain et passait au four. Le pain se vendait encore tout chaud sur le comptoir faisant face à la rue. Il y avait probablement une pancarte ou une enseigne au-dessus de la boulangerie pour attirer les clients.

Au cours des fouilles de Pompéi, quand on dégagea la boulangerie qui figure sur la gravure du XIXe siècle montrée en page 46, on y trouva une fournée de pain toute prête.

Les boutiques

Si les Romains ne connaissaient pas encore les supermarchés, ils avaient d'innombrables boutiques. Dans une de ses pièces, Plaute cite les métiers suivants : Blanchisseur, mercière, marchande de laine, bijoutier, teinturier, cordonnier, tisserand, marchande de dentelle et ébéniste. Il y avait aussi les étals réservés à l'alimentation, viande, légumes et autres. Le poète Martial nous décrit en outre des marchands des rues qui vendaient par exemple de la purée de pois cassés et des saucisses.

Les plats à emporter

Bien des gens vivant dans une pièce unique ou un petit appartement n'avaient pas toujours les moyens de préparer leurs repas. La loi interdisait du reste de faire la cuisine dans les bâtiments de bois – mais beaucoup de monde passait outre, c'est pourquoi il y avait tant d'incendies dans les villes. Quand on était obligé de sortir pour manger, ou de ramener chez soi de la nourriture toute prête, il n'y avait pas à chercher bien loin pour trouver un *thermopolium* – établissement où l'on vendait des plats chauds à emporter.

Le *thermopolium* dégageait sans doute des effluves appétissants, mais ce n'était pas le cas de tous les petits commerces. Peu de gens auraient aimé habiter par exemple près d'une fabrique de *liquamen* – sauce à odeur très forte.

On peut lire sur une jarre trouvée à Pompéi : « Le meilleur liquamen filtré par la fabrique d'Umbricius Agathopus ». Pour obtenir du liquamen, on mettait dans un grand récipient ouvert des ouies, du sang et des intestins de poisson, des petits poissons entiers et beaucoup de sel. On ajoutait du vin, des aromates et du vinaigre, et on entreposait deux ou trois mois cette mixture au soleil. La sauce qui en résultait était ensuite filtrée dans des jarres et vendue.

Les boutiques de Pompéi

Souvent, les boutiques étient désignées par une enseigne – par exemple un gigot de mouton au-dessus d'une boucherie – ou une notice peinte sur le mur, comme celle-ci, découverte à Pompéi : « Zosinus vend des pots, en particulier pour le liquamen ». Au bas de la page de droite, vous voyez une rue de Pompéi bordée de boutiques. Mais contrairement aux nôtres, les boutiques romaines n'avaient pas de vitrine. Leur devan-

Ci-dessous : Une dame romaine attend que le boucher lui prépare sa commande. Elle tient sa liste d'achats, inscrite sur une tablette de cire. On remarque une série de quartiers de viande suspendus à des crochets, ainsi qu'une balance. Le boucher découpe la viande sur un solide billot de bois à trois pieds.

La tombe d'un riche boulanger de Rome nommé Zethus. A gauche, une meule ; à droite, un tamis, des instruments servant à mesurer la farine, et des moules à pain.

ture était protégée la nuit par des panneaux de bois cadenassés – on voit du reste encore la rainure où s'inséraient ces panneaux. A l'intérieur, il y avait parfois un comptoir en forme de « L ». Si le marchand vendait des plats chauds, les marmites étaient encastrées à même le comptoir, et les feux brûlaient dessous. S'il vendait de l'huile ou du vin, il les entreposait dans de grandes amphores, au fond de son arrière-boutique.

Poids et mesures

Nous avons noté page 48 qu'un des bâtiments du forum de Pompéi servait d'office des poids et mesures. Ses inspecteurs allaient de boutique en boutique pour vérifier la façon dont les produits étaient vendus. Voici quelques poids et mesures romains et leurs équivalents modernes :

Libra – la livre romaine (327,45 g), qui se divisait en 12 unciae (onces).

Sextarius – surtout mesure liquide, mais servant aussi à mesurer le blé (environ 6 litres).

Amphora – ce n'était pas seulement une jarre pour entrepôt, mais encore une mesure équivalent à peu près à 26 litres.

Pes – le pied romain, qui mesurait 29,46 cm.

Mille passum – le mille romain (1 478,5 m).

Boutiques et ateliers d'une rue de Pompéi. « Avant l'aube, on entend les boulangers ; ensuite, ce sont les coups de marteau des chaudronniers toute la journée.

Martial.

Artisans et commerçants

Nous avons vu en page 44 que des marchandises très diverses circulaient à travers le monde romain. Les commerces, industries et ateliers des villes répondaient aux besoins des citadins et des gens de la campagne voisine. Certains produits venaient des fermes environnantes, d'autres étaient importés (comme les soies orientales), d'autres enfin fabriqués sur place.

Il y avait des rues entières consacrées à un artisanat particulier – articles de cuir, meubles, etc. Il n'existait pas d'usines telles que nous en connaissons aujourd'hui, mais certains ateliers employaient néanmoins un grand nombre d'ouvriers. Dans une poterie ou une tuilerie, par exemple, il fallait des hommes pour creuser la terre et préparer l'argile, fabriquer les pots ou les tuiles, mettre les vernis au point, construire et allumer les fours, stocker et transporter le produit fini. Un cordonnier, par contre, n'avait besoin que de lui-même ou de quelques apprentis – et sa boutique lui servait d'atelier. Examinons à présent de plus près trois de ces artisanats.

Le tuilier-briquetier

> « Tuiles ou briques devraient être fabriquées au printemps ou à l'automne, afin d'être mises à sécher tout de suite. Quand le soleil est trop chaud, il brûle la surface de la brique, et l'intérieur ne sèche pas correctement. »

L'architecte Vitruve parle ici des briques séchées au soleil qui servaient à la construction dans certaines parties du monde romain, en même temps que la pierre et le bois. Les Romains leur préférèrent plus tard les briques cuites au four, parce qu'elles résistaient mieux aux intempéries. Ils utilisaient également une énorme quantité de tuiles de toute sorte.

Quel genre de tuiles fabriquait-on ? La plus grande et la plus répandue était sans doute la tuile de toiture plate nommée *tegula.* Vous constaterez ci-dessous qu'elle avait un rebord de chaque côté. On posait ces tuiles côte à côte sur le toit, et on recouvrait les deux rebords ainsi réunis d'une tuile semi-circulaire, ou *imbrex.* Cette dernière servait aussi de tuiles faîtière. Pour terminer une colonne de tuiles semi-circulaires, on utilisait une tuile triangulaire appelée *antefixa,* qu'on décorait quelquefois. On se servait encore de simples tuiles de même dimension que la *tegula* dans diverses parties du bâtiment – par exemple pour carreler un sol ou revêtir un pan de mur.

Nous vous avons montré page 52 que le plancher des thermes romains, dissimulant le système de chauffage appelé *hypocaustus,* reposait sur des piliers. Ces piliers se composaient d'épaisses briques carrées, ou *pilae* (d'où leur nom). Pour diffuser la chaleur à travers les murs, on fabriquait des briques creuses spéciales à l'intérieur desquelles l'air chaud pouvait circuler. Mises bout à bout, elles formaient un conduit de

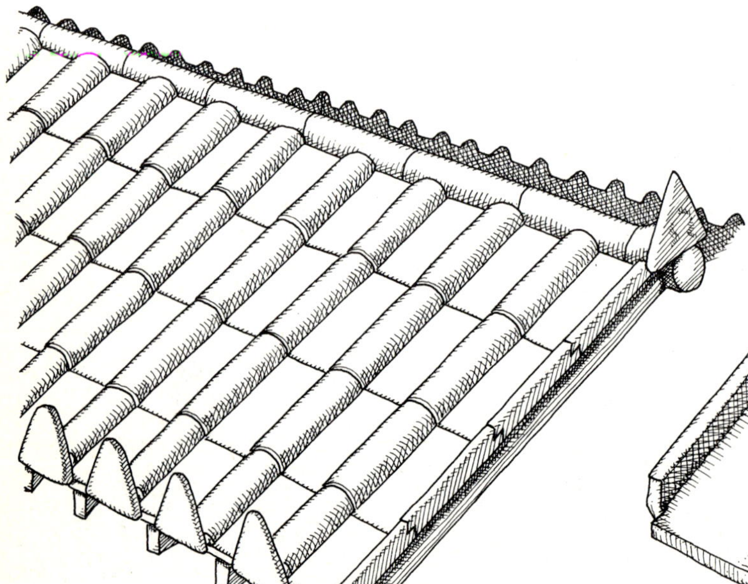

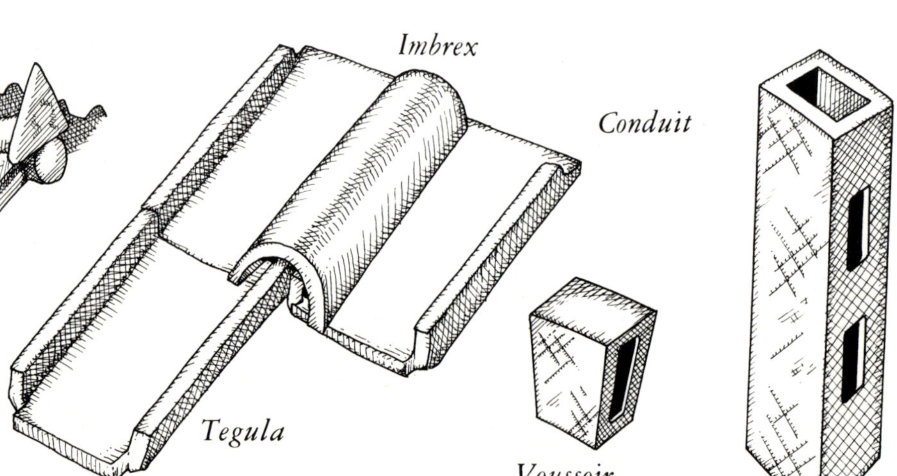

section carrée qui montait du sous-sol jusqu'au toit. Leur surface était incisée – soit à la main, soit à l'aide d'un outil spécial – afin de mieux adhérer au mortier et au plâtre. Pour les plafonds voûtés, on utilisait une brique plus petite qu'on appelle voussoir.

Cela faisait beaucoup de tuiles et de briques à fabriquer. Une anecdote charmante suggère cependant que les ouvriers ne montraient peut-être pas tous le même cœur à l'ouvrage. Dans une tuilerie de Londinium (aujourd'hui Londres), l'un d'eux a écrit sur une tuile juste avant son passage au four « Austalis tire au flanc tous les jours depuis treize jours. »

Le maçon

Sur la peinture murale romaine reproduite en haut de la page, on voit des maçons en train de construire un mur de pierre. La pierre était découpée en blocs réguliers, sa surface extérieure visible devait être lisse. Les Romains n'ayant pas inventé les explosifs, il fallait extirper des carrières les gros blocs de marbre ou de pierre à l'aide de ciseaux, de marteaux et de scies. Les blocs s'acheminaient ensuite vers les grandes villes. Dans une construction, on les soudait avec un mortier à base de chaux et de sable.

Les villes romaines employaient beaucoup de maçons. Il n'y avait pas seulement de nouveaux bâtiments publics (comme temples et marchés) à construire et à restaurer, mais aussi des maisons particulières et des immeubles. Vous trouverez des exemples de ces différentes constructions un peu partout dans ce livre.

Le forgeron

Les Romains ne découvrirent jamais qu'on pouvait faire fondre le minerai de fer et le couler dans des moules. Le forgeron était donc obligé de chauffer le fer à blanc et de le marteler pour lui donner la forme de l'objet désiré. Vous pouvez le voir au travail sur le bas-relief ci-dessous – justement trouvé dans la tombe d'un forgeron. A gauche, un apprenti attise la forge au soufflet tout en se protégeant de l'intensité de la chaleur. Au milieu est assis le forgeron lui-même, en tablier. Il tient avec des tenailles l'objet qu'il martèle sur l'enclume. A droite apparaissent en gros les outils de son métier, ainsi que deux articles de sa spécialité – fer de lance et serrure.

Peintures murales et mosaïques

Les Romains qui pouvaient s'offrir le luxe d'une vaste maison aimaient la décorer le plus possible. Sols, murs et plafonds s'ornaient de peintures et de mosaïques. Les artistes exécutaient aussi des tableaux ou petites mosaïques à suspendre ou à déposer sur un chevalet.

On pouvait choisir parmi un certain nombre de sujets selon la pièce à décorer. Ce serait par exemple une nature morte – peut-être une coupe de fruits et un carafon de vin – dans la salle à manger ; et dans le grand salon, une série de scènes inspirées du théâtre, ou des légendes traditionnelles des dieux et des héros. Cet amour de la décoration, qui nous donne beaucoup de renseignements sur les artisanats de l'époque, ne s'arrêtait pas aux maisons des particuliers ; il s'étendait également aux boutiques, offices, temples et bains publics.

Certains thèmes et dessins étaient populaires à travers tout le monde romain. Les artistes montraient à leurs clients des « carnets » de motifs pour les aider à faire leur choix.

Les peintures murales

> « Si les murs plâtrés ont été polis comme du marbre blanc, ils paraîtront splendides après avoir été peints. Les couleurs soigneusement déposées sur du plâtre humide ne se fanent pas, mais deviennent éternelles. »
>
> *Vitruve.*

Vitruve nous informe qu'il fallait plusieurs couches de plâtre pour obtenir un mur à la surface dure et lisse.

Le procédé de peinture murale qu'il décrit ci-dessus est celui de la fresque – où on appliquait la peinture avant que la dernière pellicule de plâtre ne soit sèche.

Le peintre avait un certain nombre de couleurs à sa disposition. Le rouge et le jaune étaient tirés de l'ocre, le vert de la terre verte, le noir du carbone ou de la suie, le blanc de la craie. Il y avait des couleurs coûteuses à obtenir – le bleu provenait d'un mélange de verre et de cuivre, le pourpre de certains coquillages marins. La silhouette ci-contre fait partie d'un grand paysage bucolique – un sujet que les Romains appréciaient tout particulièrement.

Les mosaïques

Les mosaïques représentent la forme de décoration la plus étonnante du monde romain. On peut en voir dans la plupart des musées d'Europe. On composait un parterre de mosaïque à l'aide de tout petits cubes de pierre ou de tuile qu'on collait sur du mortier. Ces cubes s'appelaient *tesserae.* Les mosaïstes créaient ainsi différents motifs allant du plus simple au plus complexe. Revenez donc à la page 58 et regardez de nouveau le tableau qui s'y trouve. Il est extrêmement détaillé – et cependant tout en pierre.

Plus le mosaïste voulait que son œuvre ressemble à une peinture, plus les *tesserae* devaient être minuscules. On utilisait ces petits cubes en

Fragment d'une peinture murale de la ville de Stabies, qui fut détruite par l'éruption du Vésuve en même temps que Pompéi et Herculanum.

quantité impressionnante – environ 15 millions pour un parterre de 15 mètres carrés ! Les mosaïstes employaient des apprentis qui taillaient les pierres pour eux. Parfois, le motif central d'un parterre de mosaïque était exécuté en atelier, puis transporté dans la maison à décorer. Ces mosaïques toutes prêtes s'exportaient du reste dans divers pays :

Suétone écrivait : « On rapporte que Jules César emportait des mosaïques avec lui dans ses campagnes militaires. » Cela vous prouve à quel point les Romains étaient fous de leur décoration d'intérieur !

A droite : Cette mosaïque ornait l'entrée de la maison de Pompéi montrée en page 72. L'inscription CAVE CANEM veut dire « Attention au chien » ; cela ne signifiait pas toujours qu'il y avait un chien à l'intérieur (certaines mosaïques représentaient un ours !), mais on priait ainsi les importuns de passer leur chemin.

La vie à la campagne

Une villa romaine

En latin, le mot *villa* signifiait plusieurs choses. Il pouvait désigner une demeure majestueuse au milieu d'une exploitation agricole ; ou bien une maison de vacances à la campagne, à la montagne ou à la mer ; ou encore une simple ferme.

Pour bâtir sa belle demeure, l'exploitant agricole devait tirer un bon profit de ses fermes. Il vendait une moitié de sa production sur les marchés des villes environnantes ; l'autre moitié était exportée dans diverses régions de l'Empire, et surtout à Rome.

L'illustration ci-contre vous montre une partie d'une grande *villa.* Elle est inspirée de vestiges romains retrouvés en Gaule. Certains écrivains nous ont par ailleurs laissé des témoignages sur les fermes et les fermiers. Lucius Columelle, vers l'an 60 de notre ère, a écrit un précieux traité d'agronomie intitulé *« De Re Rustica ».* Il y dépeint la *villa* idéale :

> « La *villa* devrait être située sous un climat sain et sur un sol fertile, en partie plat, en partie légèrement vallonné... et tournée vers l'est ou le sud. Elle devrait comprendre trois sections : la *villa urbana,* ou maison des propriétaires ; la *villa rustica,* ou maison du fermier et de ses ouvriers ; et la *villa fructuaria,* ou entrepôts. »

Les bâtiments

Observez la maison du propriétaire, au fond de l'illustration. Avec ses jardins et ses propres thermes (dont la fumée s'échappe par le toit), elle est assez impressionnante. Un petit mur entoure cette *villa urbana.*

> « La *villa rustica* devrait avoir une cuisine haute de plafond... des petites chambres pour les esclaves qui ne sont pas enchaînés – et pour ceux qui le sont, une prison souterraine aussi saine que possible.
>
> Pour le bétail, il faut des étables convenables par temps chaud comme par temps froid. On logera les bergers près des animaux qu'ils surveillent. »

La *villa rustica* (à droite sur notre illutration) ressemble un peu à celle du propriétaire – en moins imposant. Au premier plan apparaît une partie de la *villa fructuaria.* Columelle précise que celle-ci devrait comporter « des entrepôts pour l'huile, pour le vin... des granges... des greniers... et au rez-de-chaussée, un endroit où stocker le vin et l'huile prêts pour le marché. »

Vous pouvez voir ci-dessous des grandes jarres encastrées dans le sol, et protégées par un muret du passage des animaux et des charrettes. C'est dans ces récipients qu'on emmagasinait le vin et l'huile produits par la *villa.*

S.BIÈSTY

Le travail de la terre

D'où provenaient la richesse d'un exploitant agricole, sa splendide maison, celle de son fermier ? D'un dur labeur – surtout celui des ouvriers de ses fermes, qui étaient généralement des esclaves. La plupart menaient une vie pénible. En fait, quand ils essayaient de s'échapper ou de se révolter, on les enchaînait deux par deux – même pour travailler.

La ferme était administrée par un *vilicus*, ou régisseur. Cet ancien esclave devait connaître son métier à fond, car tous les ouvriers dépendaient de lui, et son maître le tenait pour responsable si la ferme ne faisait pas de profit. Columelle dit que le *vilicus* « doit avoir été endurci au travail de la ferme dès l'enfance, et mis à l'épreuve par l'expérience pratique. »

A gauche : Scène de labour d'après un modèle de bronze de 5 cm de haut à peine, trouvé à Piercebridge en Grande-Bretagne, et probablement exécuté en Gaule au IIe siècle apr. J.-C.
« Quand on a labouré certaines terres avec bœufs et charrue, il faut parfois recommencer avant d'y planter la graine. » *Marcus Varro.*

A droite : D'après une mosaïque dans une villa du sud de la Gaule – la cueillette des olives. Une partie de l'huile qu'on en tirera servira à la cuisine ; l'autre partie sera vendue.
« Dès que les olives sont mûres, il faut les cueillir. Ne les entreposez pas trop longtemps sur le sol. Plus vite vous les presserez, meilleur sera le résultat. »
Marcus Cato.

A gauche : D'après la décoration d'une tombe du IIIe siècle apr. J.-C. à Rome. Un fermier en train de traire une chèvre.
« Le fromage doit être fait de lait pur et aussi frais que possible. Certains y ajoutent des pignes de pin écrasées avant de le cailler, mais on peut obtenir différents fromages en y mêlant divers assaisonnements. »
Lucius Columella.

Un autre écrivain, Caton, dit encore :

« Le *vilicus* ne doit pas être un paresseux. Il doit être sobre, et ne jamais dîner dehors. Il sera le premier à se lever – et le dernier à se coucher le soir. Auparavant, il vérifiera que la ferme est bien fermée, que chacun dort à sa place, et que les animaux ont reçu leur fourrage. »

Une *vilica,* ou intendante, dirigeait le personnel d'esclaves chargé des tâches domestiques. Elle était souvent la femme du *vilicus.* Caton précise : « Elle doit être propre et veiller à ce que la ferme reste toujours nette. Elle nettoiera la cheminée chaque nuit avant d'aller au lit. »

Les ouvriers agricoles s'acquittaient de bon nombre de travaux différents chaque jour. Certains veillaient sur les animaux, d'autres sur la croissance des moissons. Il y avait toujours quelque chose à réparer – outils, machines, bâtiments. Le *vilicus* devait s'assurer qu'il pouvait compter sur de bons « bricoleurs », habiles dans tous les domaines. En cas de besoin particulier en ferronnerie ou en poterie, on faisait appel à des firmes spécialisées.

A droite : Une machine à moissonner nommée vallus, *d'après un bas-relief de Buzenol, autrefois dans la province de Gallia Belgica, aujourd'hui dans le Luxembourg. La machine était poussée par un âne ou un bœuf.*
« Dans les vastes états de la Gaule, on fait passer à travers le blé une grande machine à dents appelée vallus, qu'on pousse sur deux roues. » *Pline.*

A gauche : Des sacs de raisin au retour des vendanges. D'après un parterre de mosaïque dans une maison d'Augusta, aujourd'hui Paphos, capitale romaine de l'île de Chypre.
« Que tout soit prêt pour presser le vin. Lavez les cuves, réparez les paniers. Mettez de côté les grappes les moins belles pour le vin grossier qu'on donnera à boire aux vendangeurs. » *Marcus Cato.*

D'après la décoration d'une tombe du Iᵉʳ siècle av. J.-C. en Germanie. Un fermier se rend au marché pour vendre ses produits.
« S'il y a des villes ou villages dans le voisinage, ou même de riches états où vous trouvez le matériel nécessaire pour la ferme... vous pouvez vendre votre surplus. » *Marcus Varro.*

Le déclin de l'Empire

En examinant de nouveau la carte du monde romain tel qu'il était du IIe siècle apr. J.-C. (page 7), vous comprendrez qu'il était difficile à Rome de maintenir son autorité sur un aussi vaste territoire. L'Empire était trop étendu. Les peuples installés au-delà des frontières n'attendaient que l'occasion de passer à l'attaque. Au IIIe siècle apr. J.-C., certaines régions commencèrent à subir des invasions ennemies. En 267, par exemple, les Goths descendirent d'Égypte pour ravager la Grèce, et s'emparèrent d'Athènes.

L'Empire se divise

Les Romains tentèrent de résoudre le problème en divisant l'Empire en deux. En 330 apr. J.-C., l'empereur Constantin fit aménager un palais impérial à Constantinople (aujourd'hui Istanbul, en Turquie). Après le règne de l'empereur Théodose Ier, l'Empire fut gouverné par deux empereurs complètement indépendants – l'un installé à Rome, l'autre à Constantinople.

L'empereur Dioclétien fit bâtir ce palais à Spalato (aujourd'hui Split, en Yougoslavie) entre 300 et 306 apr. J.-C. pour s'y retirer. L'enceinte du palais subsiste, avec ses portes et ses tours de guet, ainsi que quelques bâtiments à l'intérieur. L'ensemble était en réalité une petite ville fortifiée de 39 000 mètres carrés, montrant à quel point les gens se sentaient menacés dans l'Empire romain du IVe siècle. Des baraquements de soldats occupaient presque la moitié de la surface. Du côté de la mer, il y avait de splendides appartements, un temple, un mausolée (monument funéraire), une basilique et des thermes.

Pièce d'or à l'effigie de l'empereur Justinien. Elle célébrait la victoire de son général Belisarius sur les Vandales en 535 apr. J.-C.

L'Empire d'occident

La partie occidentale de l'Empire souffrit énormément des invasions de ceux que les Romains appelaient *Barbari* – les Barbares. Par exemple :
376 apr. J.-C. : Les Visigoths (venus de Russie) franchissent le Danube.
409 apr. J.-C. : Les Vandales (de Hongrie) et les Visigoths commencent à envahir l'Europe.
429 apr. J.-C. : Les Vandales conquièrent l'Afrique du Nord.

Le dernier empereur romain d'Occident, Romulus Augustulus, ne régna que de 475 à 476. Il fut détrôné en Italie par les Germains. Les « Barbares » contrôlaient à présent tout l'Empire d'Occident.

Aux confins de l'Empire

> « Nous avons planté nos moissons pour que l'ennemi les brûle... Toutes nos ressources ont disparu – les troupeaux de moutons, les hordes de chameaux et de chevaux. J'écris ceci derrière des murs en état de siège. »

Un évêque chrétien nommé Synesios écrivait ces mots au début du Ve siècle apr. J.-C., au moment où la province romaine de Cyrénaïque, en Afrique du Nord, était envahie par les Barbares. La suprématie romaine s'effrondrait rapidement. Il n'y avait guère de soldats pour protéger les gens des campagnes, qui se réfugiaient dans les villes aux enceintes solides.

Toutes ces invasions ne firent cependant pas disparaître complètement le mode de vie « à la romaine ». Dans bien des régions, on s'adapta aux nouveaux venus. Le témoignage archéologique de cette cohabitation se retrouve dans la ville romaine de Wroxeter (voir pages 10-13), située dans la province la plus au nord de Rome – la Bretagne. Au Ve siècle, les côtes sud et est de la Bretagne subirent l'invasion des Saxons. Mais aux frontières du Pays de Galles, 400 km plus loin, on assistait à un grand redéveloppement de la ville de Wroxeter dans le style romain. Un siècle plus tard, cependant, toute trace de vie romaine en avait probablement disparu.

L'Empire d'Orient

Avec Constantinople pour capitale, l'Empire d'Orient comprenait des territoires aussi éloignés que la Grèce à l'ouest, l'Égypte et la Cyrénaïque au sud, et les frontières de l'Arabie à l'est. L'empereur Justinien commença par reconquérir les terres prises par les Vandales en Afrique, par les Ostrogoths en Italie, et par les Visigoths en Espagne. C'était une tentative pour rétablir l'ancien Empire romain dans sa totalité, mais elle échoua peu à peu. En 568, l'Italie fut envahie par les Lombards, et au siècle suivant, l'Afrique et l'Espagne furent conquises par les Mulsumans. Le Saint Empire romain (Constantinople avait été une ville chrétienne depuis sa fondation) continua cependant d'être gouverné par des empereurs jusqu'en 1453, date à laquelle sa capitale tomba aux mains des Turcs ottomans.

A Wroxeter, on construisit de nouvelles maisons de style romain, entièrement en bois, à l'occasion d'un projet de redéveloppement de la ville au Ve siècle apr. J.-C.

CHRONOLOGIE

La datation des événements de l'antiquité prend pour repère la naissance du Christ.

av. J.-C.	
753	Fondation de Rome par Romulus, selon la légende.
	Institution de la République
509	Les Romains détrônent leurs rois étrusques et instituent la République.
449	Conquête définitive des Sabins.
vers 400	Les Gaulois pénètrent en Italie.
390	Les Gaulois assiègent Rome. Les oies sacrées sauvent le Capitole.
343-290	Guerres contre les Samnites.
	La guerre contre Carthage
264-241	Première guerre contre Carthage.
247	Naissance d'Hannibal.
237-202	Deuxième guerre contre Carthage.
221	Hannibal prend la tête des forces carthaginoises en Espagne.
218	Hannibal franchit les Alpes.
202	Défaite finale d'Hannibal à Zama.
vers 190	Première représentation de la *La Corde* de Plaute.
183	Hannibal se suicide.
149-146	Troisième guerre contre Carthage. Annexion de la province d'Afrique.
133-122	Réformes agraires de Gaius et Tiberius Gracchus.
106	Naissance de Cicéron.

av. J.-C.	
	Marius contre Sylla
86	Mort de Marius.
81-80	Sylla devient dictateur.
78	Mort de Sylla.
	Jules César
73	Début de sa carrière politique.
60	Consulat.
59-49	Conquête de la Gaule, et invasion de la Bretagne à deux reprises.
	La guerre civile
49	César refuse de licencier son armée. Il franchit le Rubicon.
48	Assassinat de Pompée.
45	César anéantit l'armée de Pompée à la bataille de Munda.
44	César devient « dictateur à vie ». Il est assassiné.
	La guerre contre Marc Antoine
31	Le sénat déclare la guerre à Cléopâtre. Octave élimine Antoine à la bataille d'Actium.
29	Octave proclame la paix à travers le monde romain.
	L'Empire
30-20	Vitruve écrit ses manuels d'architecture.
27	Octave devient empereur. On lui donne le nom d'Auguste.

Les abréviations av. J.-C. et apr. J.-C. sont mises pour avant et après Jésus-Christ (voir page 19).

LE CALENDRIER ROMAIN

apr. J.-C.	
11	Tite-Live termine son *Histoire de Rome* en 142 volumes.
14	Mort d'Auguste.
37	Naissance de l'historien Josèphe.
vers 40	Naissance du poète Martial.
43	L'empereur Claude en Bretagne.
vers 60	Columelle écrit *De Re Rustica.*
61	Naissance de l'écrivain Pline le Jeune.
73	Les Romains assiègent Massada.
79	Éruption du Vésuve.
80	Titus inaugure le plus grand amphithéâtre du monde – le Colisée.
114	L'empereur Trajan fait ériger sa colonne à Rome.
121	Publication de *Vies des douze Césars,* de Suétone.
122	L'empereur Hadrien en Bretagne. Commencement du mur d'Hadrien.
212	Tous les habitants des provinces sont faits citoyens romains.
267	Les Goths prennent Athènes.
286	Carausius est empereur – il succède à 26 empereurs en 50 ans.
300-306	L'empereur Dioclétien bâtit son palais fortifié à Split.
330	L'empereur Constantin déplace la capitale du monde romain – Byzance devient Constantinople.
409	Les Vandales envahissent l'Europe.
475-476	Romulus Augustulus est le dernier empereur d'Occident.
	L'Empire d'orient
535	Belisarius, général de l'empereur Justinien, inflige la défaite aux Vandales.
1453	Les Turcs prennent Constantinople. Chute du Saint Empire romain.

Rome utilisait déjà un calendrier avant l'arrivée des Étrusques. Il était basé sur les phases de la lune et se divisait en dix mois, plus tard douze. L'année comptait 355 jours, mais on y ajoutait un mois supplémentaire de 22 ou 23 jours tous les deux ans. Elle commença d'abord le 1er mars, puis en 153 av. J.-C., le 1er janvier.

Quand arriva Jules César, le calendrier était complètement faussé parce qu'on n'y avait pas ajouté de mois depuis 58 av. J.-C. Cela signifiait qu'il manquait maintenant 90 jours à l'année romaine ! César décida d'y mettre bon ordre, et en 46 av. J.-C., décréta que l'année aurait désormais 365 jours. Mais comme il savait qu'elle était en réalité légèrement plus longue, il ajouta un jour de plus au mois de février tous les quatre ans – notre année bissextile. Le nouveau calendrier, nommé calendrier julien en son honneur, commença le 1er janvier 45 av. J.-C. Quoique le pape Grégoire XIII y ait apporté quelques modifications en 1582, c'est toujours de ce calendrier romain que s'inspire le nôtre aujourd'hui.

Les mois romains étaient *Januarius* – d'après Janus, le dieu « des commencements » ; *Februarius* – d'après un mot signifiant « purification rituelle » ; *Martialis* – d'après le dieu de la guerre, Mars ; *Aprilis* – d'après un mot signifiant « éclosion des fleurs » ; *Maïus* – un mois consacré à la déesse du temps chaud, Maïa ; *Junius* – le mois de la déesse Junon ; *Julius* – à l'origine nommé Quintilis, le 5e mois, rebaptisé en l'honneur de Jules César ; *Augustus* – d'abord nommé Sextilis, le 6e mois, mais rebaptisé en l'honneur de l'empereur Auguste. Vous pouvez deviner ce que signifient septembre, octobre, novembre et décembre en examinant ces chiffres :

1	I	uno	6	VI	sex
2	II	duo	7	VII	septem
3	III	tres	8	VIII	octo
4	IIII ou IV	quattuor	9	IX	novem
5	V	quinque	10	X	decem

Notre semaine de sept jours est d'origine juive, mais celle des Romains comptait huit jours. Il y avait sept jours consacrés au travail, plus un jour de marché (le dernier).

POUR EN SAVOIR PLUS

Si vous êtes intéressés par l'histoire du monde romain, et si ce livre vous a donné envie d'approfondir le sujet, voici la liste de quelques ouvrages – entre beaucoup d'autres – qui pourront à la fois vous documenter et vous distraire :

Au temps des Romains, P. Miquel, coll. « La Vie privée des hommes », Éd. Hachette, Paris

Naissance d'une cité romaine, D. Macaulay, Éd. des Deux Coqs d'Or, Paris.

Comment vivaient les Romains, Éd. Nathan, Paris.

Contes et légendes de la naissance de Rome, L. Orvietto, Éd. Nathan, Paris.

Contes et récits tirés de l'Enéide, Chandon, Éd. Hachette, Paris.

Les derniers jours de Pompéi, Bewler-Lytton, Éd. Hachette, Paris.

L'Italie retrouvée, P. Grimal, P.U.F., Paris.

Les plus belles histoires de la mythologie romaine, Éd. Nathan, Paris.

Pompéi, une cité retrouvée, M. Amel, Coll. « Monde en poche », Éd. Nathan, Paris.

Quo Vadis ?, H. Sienkiewicz, Livre de poche, Paris.

Le grand livre de la mythologie grecque et romaine, M. Stapleton et E. Servan-Schreiber, Éd. des Deux Coqs d'Or, Paris.

La Vie d'un Légionnaire romain, J.-M. Le Guévellou, Coll. « Monde en poche », Éd. Nathan, Paris.

Vie, mort et résurrection d'Herculanum et de Pompéi, Corti, Éd. Plon, Paris.

La vie privée des hommes à Pompéi, P. Conolly, Éd. Hachette, Paris.

La vie privée des hommes au temps des royaumes barbares, Hachette/Jeunesse, Paris.

La vie quotidienne à Pompéi, R. Étienne, Éd. Hachette, Paris.

La vie quotidienne à Rome, A. Theiss, Éd. Hachette, Paris.

En outre, vous trouverez certainement en bibliothèque les textes les plus connus des auteurs latins que vous avez rencontrés dans ce livre – par exemple les comédies de Plaute. Ces textes existent aussi en livre de poche.

REMERCIEMENTS

Les éditeurs remercient les personnes et les organismes suivants pour les photographies reproduites dans ce livre :
8 Museum of London; 9 *en haut* Mauro Pucciarelli, *en bas* ZEFA; 10 University of Cambridge, Committee for Aerial Photography; 13 Mike Corbishley;
16 Ashmolean Museum; 17 ZEFA;
19 Mansell Collection; 21 Mauro Pucciarelli;
23 Giraudon; 24, 30 Mansell Collection;
32/33 Mauro Pucciarelli; 38 Sheridan Photo Library;
41 Mike Corbishley; 43 S. Halliday and Laura Lushington;
44 Mike Corbishley; 45 C. M. Dixon; 47 The Photosource; 50 Mike Corbishley; 55 Italian Ministry of Defence; 54-55 RAPHO; 57 Michael Holford;
58 Naples National Museum; 62 Mike Corbishley;
63 Colchester and Essex Museum; 64 Mansell Collection; 66 Yorkshire Museum; 68 *en haut* University of Newcastle-upon-Tyne, *en bas* Colchester and Essex Museum; 69 *en haut à gauche* Warburg Institute, University of London, *en haut à droite* College of Ripon and St John; 71 The Manchester Museum;
73 *en haut* Mike Corbishley, *en bas* Roger White;
79 Mike Corbishley; 81 SCALA; 82 Mauro Pucciarelli;
88 Yugoslav Tourist Office.

Les éditeurs remercient également les artistes suivants pour leur contribution à l'illustration de ce livre :

Stephen Biesty pp. 36-7, 52-3, 60-1, 69, 83-4;
Nick Cannan pp. 11, 18, 20, 39, 43, 48, 80;
Nick Harris pp. 65, 74, 83 *(en bas),* 76-7;
Kevin Maddison pp. 4, 6, 7, 14, 15, 19, 21, 28-9, 34-5, 41, 44, 50, 51, 54, 57, 59, 62, 67, 70, 71, 72, 75, 79, 81, 83 *(en haut),* 89;
Malcolm Porter pp. 7, 25, 31, 45;
David Salariya pp. 26-7, 46, 56, 78, couverture;
Shirley Willis pp. 86-7.

INDEX

Pour vous informer sur un point précis du monde romain, référez-vous à l'index ci-contre. Pour approfondir un aspect particulier du sujet, vous pouvez aussi utiliser la bibliographie (page précédente), et vous aider de la chronologie (pages 90 et 91).

Les mots latins figurent en italique.

« Loi nº 49-956 du 16 juillet 1949 sur les publications destinées à la jeunesse »
Dépôt légal : novembre 1987 – Deux Coqs d'Or éditeur nº 1-8997-1-87 – Imprimé en Italie (45)